U0916293

现代图书馆服务与管理工作研究

龙　渠　著

中国原子能出版社

图书在版编目 (CIP) 数据

现代图书馆服务与管理工作研究 / 龙渠著 . -- 北京 : 中国原子能出版社 , 2019.10

ISBN 978-7-5221-0131-6

Ⅰ . ①现… Ⅱ . ①龙… Ⅲ . ①图书馆服务—研究②图书馆管理—研究 Ⅳ . ① G25

中国版本图书馆 CIP 数据核字（2019）第 234730 号

内容简介

作为人类知识、信息的集散中心，图书馆有责任为国家建设中的科研文化工作提供更高层次的服务，因此，要重视图书馆服务与管理工作方面的研究。

本书共有九章内容，具体包括现代图书馆的基本认知，图书馆服务概述，现代图书馆读者服务及其转型，图书馆信息服务及其建设，图书馆文化建设，高校图书馆社会化服务及其实现，现代图书馆的组织、领导与控制，图书馆人力资源管理及其建设，现代图书馆管理的创新。

本书对图书馆学研究者、爱好者就图书馆服务与管理工作的相关研究具有重要指导意义。

现代图书馆服务与管理工作研究

出版发行　中国原子能出版社（北京市海淀区阜成路 43 号 100048）
责任编辑　张　琳
责任校对　冯莲凤
印　　刷　北京亚吉飞数码科技有限公司
经　　销　全国新华书店
开　　本　787mm × 1092mm　1/16
印　　张　12
字　　数　215 千字
版　　次　2020 年 3 月第 1 版　2020 年 3 月第 1 次印刷
书　　号　ISBN 978-7-5221-0131-6　　定　　价　60.00 元

网　　址：http://www.aep.com.cn　　E-mail:atomep123@126.com
发行电话：010-68452845

前　言

随着经济改革的持续深入，文化越来越成为民族凝聚力和创造力的重要源泉，越来越成为综合国力竞争的重要因素。中共中央办公厅、国务院办公厅印发的《关于加快构建现代公共文化服务体系的意见》明确指出："新时期要加强社会主义公共文化服务体系建设，保障公民的基本文化权益，积极构建社会主义和谐社会的文化发展方向。"而要有效满足人民群众的基本文化需求，公共文化服务应该要提供内容丰富、形式多样、健康向上、品质优良的基本公共文化产品和服务。由于图书馆是构建公共文化服务体系的重要环节，图书馆的服务和管理工作在公共文化服务体系建设中发挥着重要作用，是公共文化服务体系的有机组成部分。因此，党和国家强调要以图书馆为重心进行社会公共文化服务体系的建设。

图书馆作为人类保存与获取知识信息的社会机构，有责任为国家建设中的科学、文化、教育和科研工作提供更高层次的服务，满足人们的信息需求。为此，图书馆必须要做好服务与管理工作。随着科学技术的飞速发展，现代信息技术在图书馆得到了广泛应用，图书馆服务与管理工作的内容、方式和手段都发生了天翻地覆的变化。因此，加强对图书馆服务与管理工作的研究，成为国家公共文化服务体系建设工作的重要课题。鉴于此，作者在参阅大量相关著作文献的基础上，精心撰写了《现代图书馆服务与管理工作研究》一书。

本书共有九章内容。第一章通过对图书馆的概念、构成及其发展，我国现代图书馆类型进行阐述，让读者对现代图书馆获得一个基本认知。同时，还重点分析了互联网时代的图书馆。第二至第六章主要就图书馆服务的相关内容进行了探讨，包括图书馆服务概述、现代图书馆读者服务及其转型、图书馆信息服务及其建设、图书馆文化建设、高校图书馆社会化服务及其实现。第七至第九章主要就图书馆管理工作内容进行了探讨，分别研究了现代图书馆的组织、领导与控制，图书馆人力资源管理及其建设，以及现代图书馆管理的创新。

本书在吸收了当今图书馆学界的许多重要研究成果的基础上，对图书馆服务与管理工作的相关内容进行了详细阐述。概言之，本书有以下几个鲜明的特点。

第一，时代性强。当今时代，图书馆已经全面步入信息化、数字化、网络化，人们获取信息的环境呈现出多样性和复杂性的特征。因此，本书诸多章节论述了互联网与图书馆关系的内容。例如，第一章专门阐述了互联网时代的图书馆发展状况，既注意分析互联网给图书馆带来的挑战，也分析了互联网给图书馆创新提供的技术支持和思维工具；第三章分析了图书馆服务中的共享理念；第四章对互联网时代的图书馆信息服务进行了阐述；第九章分析了图书馆的网络化管理。

第二，亮点突出。关于高校图书馆是否应该对社会公众开放的热点问题，本书也进行了研究，认为高校图书馆理应摒弃只为教学和科研服务的本位主义，走出校门，充分利用自己的优势，逐步向社区及社会公众开放，满足人们终身教育的需求。另外，本书还关注了高校图书馆参与革命老区建设问题，认为这也是推动高校图书馆社会化服务建设的重要举措。

第三，体系完整。本书可分为两大部分：一部分是研究图书馆服务方面的内容，另一部分是图书馆管理工作方面的内容。这两部分内容的章与章、节与节之间有机联系，一环扣一环，从而在内容上形成了较为完整的理论体系，有助于读者全面、系统地把握图书馆服务与管理工作两方面的内容。

在本书的撰写过程中，作者不仅参阅、引用了很多国内外相关文献资料，而且得到了同行、前辈的鼎力相助，在此一并表示衷心的感谢。由于作者水平有限，书中疏漏之处在所难免，恳请同行专家以及广大读者批评指正。

作 者

2019 年 7 月

目　录

第一章　现代图书馆的基本认知

人类社会的发展，离不开图书馆的存在。书籍是人类进步的阶梯，图书馆则是存贮知识的宝库。人类对历史的了解，对历史文化遗产的吸收、继承和借鉴，主要取决于图书馆对知识信息的保存和传递。现代社会，知识信息与能源、材料并列，成为发展社会科学技术的三大支柱。社会的发展将主要通过对知识信息的利用来实现。图书馆作为专门从事知识信息收集、整理、传递和开发利用的职能部门，其社会地位和作用越来越重要。同时，随着现代教育事业的发展，图书馆作为没有围墙的大学，将成为社会进行继续教育、终身教育、培养人才的重要基地。本章就图书馆的概念、构成及其发展，我国现代图书馆类型，互联网时代下的图书馆进行阐述。

第一节　图书馆的概念、构成及其发展

一、图书馆的概念

图书馆的英文词是“library”，这一词源于拉丁语“librarium”，原义为藏书之所。中国古代的各种藏书处所，被后人通称为藏书楼，19 世纪末才出现“图书馆”一词。图书馆是收集、整理和保存文献资料并向读者提供利用的科学、文化、教育机构。文献是图书馆赖以存在的物质基础，没有文献也就没有图书馆。

图书馆的历史可追溯到公元前 3000 年以前，当时的美索不达米亚已有保存泥板文献的图书馆。此外，古代埃及、中国和希腊等人类文明的发源地也出现了图书馆。19 世纪中叶，西方国家出现了由政府举办的向社会开放的公共图书馆。20 世纪，图书馆类型和数量不断增多，向社会开放的范围不断扩大，提供的服务更趋多样化。随着现代科学技术在图书馆的广泛应用，图书馆管理已逐步走向自动化、现代化和数字化。虽然图书馆的产生时间较早，但对图书馆的定义还没有一个统一的、标准的说法。

世界上第一个提出图书馆定义的人是德国人施莱廷格,他在1808年出版的《试用图书馆学教科书大全》中第一次给图书馆下了一个比较严密的定义。他提出:“我所说的图书馆,是将收集的相当数量的图书,加以整理,根据求知者的各种要求,不费时间地提供给他们利用。”自这个定义提出以来,曾先后有众多学者纷纷提出自己的观点。其中,外国学者中比较著名的观点有以下几个。

印度著名图书馆学家希雅里·拉马里塔·阮冈纳赞在1931年出版的《图书馆学五定律》一书中指出:“图书馆是全球性的教育工具,它汇集和自由流通着所有的教育工具,借助它们传播知识。”

美国图书馆学家的杰西·H. 谢拉在1970年出版的《图书馆学基本原理》中认为:“图书的集合并不等于图书馆,图书馆也不仅仅是一个保存图书的地方,这里所说的图书馆是一个组织,是一个保存和便于利用的文字记载系统。”

美国J. 贝克在1973年出版的《情报学浅说》一书中指出:“图书馆收集各种类型的情报资料、系统地加以整理并根据需要提供使用的地方。”

苏联图书馆学家O.C. 丘巴梁在1976年出版的《普通图书馆学》一书中指出“图书馆是进行思想教育和交流科学情报的机构。”

承续美国学者在图书馆研究中的成就,美国图书馆学研究者M.H. 哈里斯在20世纪80年代初出版的《西方图书馆史》一书中对“什么是图书馆”作出了如下解释:“图书馆的定义应当为图书馆是一批经过编排,易于使用,并由熟悉这种编排的人员保管,适用于多数人需要的图书文字资料。”

《英国百科全书》的解释:图书馆的意思是很多书收藏在一起,这是为了阅读、研究或参考用的。

法国的《达拉鲁斯百科全书》的解释:图书馆的任务是保存用各种不同文字写成的、用多种方式表达的人类思想资料,……图书馆收藏各种类别的、组织起来的图书资料,这些资料用于学习、研究或一般情报。

《苏联百科词典》的解释:“搜集、收藏出版物以供公共使用的文化机构。”

日本《广辞苑》的解释:图书馆是搜集、保管大量书籍,供公众阅览的设施。

回首我国图书馆的发展历史,我们会发现“图书馆”一词于1894年始见于《教育世界》第62期。但对图书馆一词给予定义还是20世纪30年代以后的事情,其中也有一些学者的观点比较有代表性。

1934 年刘国钧在《图书馆学要旨》一书中说："图书馆乃是以搜集人类一切思想与活动之记载为目的，用最科学、最经济的方法保存它们，以便社会上一切人使用的机关。"

1936 年俞爽迷在其所著的《图书馆学通论》一书中提出"图书馆是收集有益的图书，随着大众的知识欲望，用最经济的时间，自由使用的地方。"

1958 年卢震京在《图书馆学辞典》中对图书馆定义做了如下解释：图书馆系根据其特定需要，搜集一切或一些人类文化在科学、技术、艺术及文学各方面所创造的精华记载，用科学的经济的方法，整理保存，以便广大人民使用，并进而帮助其接受马列主义为完成社会主义建设所必需的知识的文化中心。

1988 年黄宗忠在《图书馆学导论》（武汉大学出版社）中认为："图书馆是对信息、知识的物资载体进行收集、加工、整理、积聚、存贮、选择、控制、转化和传递，提供给一定社会读者使用的信息系统。简言之，图书馆是文献信息的存贮与传递中心"。

2002 年，吴慰慈、董焱在《图书馆学概论》中提出："图书馆是社会记忆（通常表现为书面记录信息）的外存和选择传递机制。换句话说，图书馆是社会知识、信息、文化的记忆装置、扩散装置。"

《中国大百科全书》中是这样阐述的："收集、整理和保存文献资料并向读者提供利用的科学、文化、教育机构。"

中国国家标准 GB 4894—1985 规定："图书馆、资料馆、文献馆——收藏文献进行管理使之便于读者利用的一个部门。"

《辞海》中是这样定义图书馆的："搜集、整理、收藏和流通图书资料，以供读者进行学习和参考研究的文化机构。"

《图书情报词典》描述为："通过文献的搜集、整理、存贮、利用，为一定社会读者服务的文化、科学与教育机构。"

《社会科学大词典》的定义："图书馆是收集、整理、保管、传递文献信息载体的社会组织。"

以上对图书馆的定义的方式是符合当时的图书馆的现状及未来发展的。只不过在信息时代，计算机的普及使图书馆的形态正在发生变化，原来都以一个实体形态出现在公众面前，如今开始逐渐变化成网络中的虚拟空间，文献载体向着数字化方向发展。但这些外在形态的变化并没有改变图书馆的本质。所以说，图书馆是以文献信息为活动对象，将之收集、整理、加工后提供给有需求的人的社会机构。简言之，图书馆是文献信息的存贮与传递中心。

二、图书馆的构成要素

在信息爆炸的当今社会,图书馆的基本构成要素主要有以下几个。

(一)文献信息资源

文献一词最早见于《论语·八佾》,南宋朱熹《四书章句集注》认为“文,典籍也;献,贤也”。所以这时候的文指典籍文章,献指的是古代先贤的见闻、言论以及他们所熟悉的各种礼仪和自己的经历。今天我们所说的文献范围是指用文字、图形、符号、声频、视频等技术手段记录人类知识的一切载体,或理解为固化在一定物质载体上的知识。文献是记录、积累、传播和继承知识的最有效手段,也是交流传播情报的最基本手段。正因为如此,人们把文献作为图书馆赖以存在和开展工作的物质基础。

图书馆虽然是因图书而得名,而且传统图书馆的馆藏文献信息资源也确实以藏书为主,但随着文献信息资源的发展,图书馆文献信息资源的存在形式也大不一样。当前,图书馆对文献信息资源的分类方式主要有以下几种。

(1)按文献载体类型或形式区分,可以将其分为印刷型、缩微型、机读型和声像型。

(2)按不同出版形式及内容区分,可以将文献分为图书、连续性出版物、特种文献。

(3)按文献内容、性质和加工情况,可以将文献区分为一次文献、二次文献、三次文献。

虽然文献信息资源可以分为不同的类型,但总的来讲,图书馆所拥有的文献信息资源所涵盖的知识和信息内容必须具有可反复使用性,且不论其在传递过程中经过多少次的复制,仍要保持其原有的内容。

(二)读者的信息需求

读者是图书馆服务的对象。读者指凡是具有利用图书馆文献信息条件的一切社会成员,既可以是个人,也可以是集体。发展读者、研究读者、服务读者是图书馆读者工作的重要内容。人类社会的信息需求,推动了图书馆的产生与发展,也正是有了人类社会对信息的多种多样的需求,才孕育了图书馆这样的社会性服务机构。没有了人类社会的这种信息需求,也就不会产生图书馆,而只是单纯的图书收藏而已。

（三）馆员

图书馆的工作人员一般被称作“馆员”，是向读者提供服务的工作人员，是图书馆构成要素中的核心组成部分。馆员主要包括行政管理人员、专业技术人员。馆员是图书馆各项工作的管理者和组织者，是使藏书与读者发生关系的媒介，也是使藏书由潜在价值变为现实价值的关键。馆员的作用是在文献信息与读者需求之间搭建一座桥梁，起着一条纽带的作用。一方面，馆员根据自身对文献信息知识整合的专业技巧，向读者推荐文献信息资源；另一方面，根据读者对文献信息的需求和选择，将读者需求的信息呈现到读者面前，满足其需求。因此，馆员是构成图书馆系统诸因素中最活跃、最重要的因素。图书馆工作开展的好坏，图书馆社会作用发挥得如何，在很大程度上取决于图书馆人（馆）员的政治素质和业务水平。

目前，知识的普及性使自然学科和社会学科的发展日趋细致，同时却又向深度发展，其专业性越来越强。这本身就使得文献信息的提供面临压力，而网络信息的快速发展和普及又使读者本身获取各种文献信息渠道在大幅度扩展，这些压力使得馆员的工作正面临着巨大的挑战。图书馆的工作人员要比以往任何时候都更要具有主动性和创造性，只有这样参加到图书馆的运行中去，才能充分发挥馆员的作用。

（四）文献信息的存贮设备与建筑

不管何种形式的文献信息形式都依赖于某种具体的设备进行存贮。例如，纸版图书的存贮需要书架、书柜等，电子信息的存贮需要相应的电子存贮设备，这些文献信息的存贮设备是随着时代的前进而进行变化和发展的。图书馆建筑的功能要与图书馆的职能相适应。馆舍建筑如果不能适应工作需要，馆内各种设备不齐全、不符合标准都将阻碍图书馆工作的开展，降低图书馆的社会功能。

（五）技术方法

技术方法是做好图书馆工作的主要手段，如藏书的收集、整理和开发利用的技术方法、读者服务的技术方法、图书馆组织管理的技术方法以及以计算机技术为代表的现代信息技术。图书馆能不能发挥作用，主要决定于馆员能不能掌握正确的技术方法。现代图书馆作为社会知识信息的交流工具，必须以各种物质技术手段、工具和方法作为自己存在的基础。

（六）图书馆的管理

管理是图书馆各要素之间相互联系的纽带。图书馆的管理就是应用系统论的科学方法，按照图书馆的工作和图书馆事业发展的规律，合理地计划、组织和最大限度地发挥图书馆的人力、物力、财力等各种资源的作用。图书馆的管理是有效利用图书文献资源的需要，是实现图书馆工作现代化的需要。在海量信息的当今社会里，图书馆必须对数量庞大、内容复杂的文献信息进行准确的筛选和科学的整理加工，以便及时地将用户所需的信息传递到读者手中。不实行科学管理，就不能提高管理水平，即使有了先进的技术和设备，也不能充分发挥作用。

上述图书馆各个要素共同构成了图书馆这一整体，并且这些要素既相互依存又相互促进。一方面由于各个要素之间的相互联系、相互作用，它们在满足读者需要、保存人类文化遗产的目标下形成了一个不可分割的有机整体，人们把这个整体称为图书馆系统；另一方面由于各个要素之间的相互矛盾，使图书馆的各个组成部分与整体处于运动、变革之中，成为图书馆发展的内在动力。图书馆的存在与发展一刻都离不开与社会的交流，通过与外界交换物质、能量、信息来维持自身的生存，保持动态的平衡。这种交换的过程，也是相互作用的过程。这种相互作用产生了一定的行为，这种行为就叫图书馆活动。通过图书馆活动，才能完成图书馆的任务，实现图书馆的目标，图书馆才能适应社会发展的需要。

三、图书馆的产生和发展

（一）图书馆的产生

图书馆产生的前提有两个：其一是文字的产生，其二是图书的产生。有了图书，就产生了如何整理、如何保存、如何利用图书的问题，因而就有了藏书事业。

1. 图书的产生源于社会文献的发展

图书馆是人类社会发展到一定阶段的产物，人类社会信息交流的需要是图书馆产生的前提，文献的出现是图书馆产生的直接原因，科学技术的发展是图书馆事业发展的根本动力。

有了文字，有了记录文字的工具和载体，人们用文字表达的思想内容也更复杂了。当人们能够用文字完整地表达思想和感情，准确地记录事物的时候,最初的图书也就随之产生了。有了先进的印刷技术,社会的图书数量增加了,社会图书数量的增加就产生了如何整理、如何保存、如何利用这些图书的问题。为了一定的需要将一批图书保藏起来的场所,就是最初的图书馆。所以,图书馆直接起源于保藏图书的需要。

2. 图书馆的产生源于人类信息交流的需要

人类社会信息交流是人类社会存在和发展的动力。概括来讲,人类信息交流的形式主要有两种,即直接交流和间接交流。直接交流是指人们之间的直接接触而产生的信息交流;间接交流是指人们通过辅助工具而间接接触所产生信息交流。直接交流的媒介主要是语言,还包括动作、表情等体态语言。直接交流的优越性就在于方便、迅速、生动、直观、感受性强,但是受时空、语言的限制,储存也受限制。正因为直接交流存在着上述局限性,所以才使得间接交流发展起来了。间接交流的优越性,恰恰是直接交流的局限性,反之亦然。间接交流与直接交流的最大区别点,就在于它要借助于工具才能进行。图书馆作为一种工具,正是为适应人类间接信息交流需要而产生的。

3. 人脑记忆功能的延伸

记忆是人类最基本的心理过程之一,它是过去经验在人脑中的反映。离开了记忆,人对以前感知的事情就会变得陌生起来,就无法进行思维和想象活动。但是,记忆有其固有的局限性,这就是它的对立面——遗忘。对此,人们开始想办法借助工具保存记忆。在没有文字以前,人们用“结绳记事”“刻木记事”等办法,记录以往的经验。文字产生以后,人们便用文字记录经验,以保持记忆,于是文献也就出现了。文献的产生,使人脑的记忆功能得到了补偿,文献是思维的直接现实。图书馆则是对文献信息进行人脑功能的不自觉的模拟,是人脑功能延长的初级形式。电子计算机的问世,则可以说是对人脑功能的自觉模拟,是人脑延长的高级形式。图书馆使人类的文化得以保存和继承,在人类社会的进步过程中,起到了“记忆”人类共同经验的作用。

4. 社会生产力水平的提高

生产力的发展是推动社会前进的根本动力。文字和文献的产生,本身就是生产力发展的结果。生产力的发展,一方面为文字和文献的产生,提供了必要的前提——人们为了组织社会生产和生活,进行行政管理,记录生产经验,进行统计等,对文字的产生提出了要求;另一方面,生产力水平的提高,也为文字和文献的产生,提供了物质基础——书写工具和记录载体。

综上所述,人类信息交流的需要是为克服人脑记忆功能局限性的需要,是图书馆产生的必要前提。文字和文献的出现,是图书馆产生的直接动力。社会生产力的发展则是图书馆产生的基本保证。在诸因素的综合作用下,图书馆得以产生。

（二）图书馆的发展

图书馆自产生之初,在其发展历史过程中,主要经历了以藏为主、藏用兼顾、以用为主、素养教育四个阶段,如图 1-1 所示。

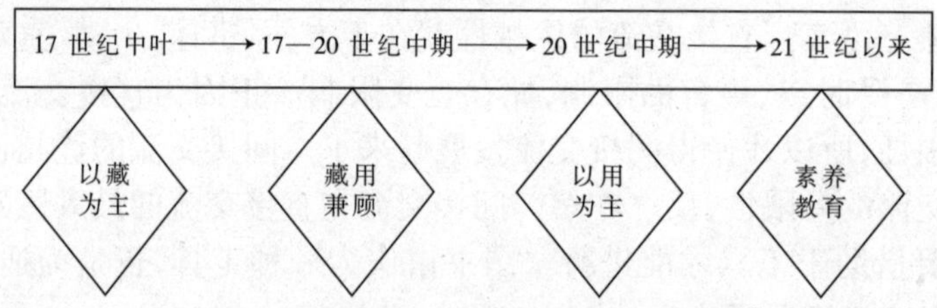

图 1-1　图书馆历史发展及演变示意图[①]

第一阶段:17 世纪中叶前,因社会处在封建王朝统治的时期,皇权和神权成为社会的主要统治力量,“知识”成为皇家贵族或者神学院统治社会的主要途径,图书馆也必然成为其私有场所,为其收藏用于统治需要的文献典籍。

第二阶段:17 世纪中叶,随着西方(特别是英国、法国等国)封建社会被资本主义社会所代替,资本主义的极大扩张需要科学技术、商品经济的迅速普及,图书馆在其发展的历史上,逐渐由皇家贵族、神学院的私人场所演变为服务公众、服务社会进步的公共学习场所,其主要功能也从以藏为主转变为藏用兼顾。

第三阶段:20 世纪以来,特别是第一次世界大战之后,不管是战胜国还是战败国,都深刻认识到了科学技术的重要性。它们均陆续把科学技术发展提升到国家战略层面,图书馆因其承载着科学技术和知识传承,其建设的热度也空前高涨,大量收藏涉及人类历史、社会人文及科学技术领域的相关文献,特别强调实用性。

第四阶段:随着 20 世纪 60 年代计算机的发明和 20 世纪 80 年代网络在西方国家的逐步普及,迎来了 21 世纪信息的大爆炸时代,各种信息充斥在人类生活的方方面面,信息的触手可及,也让生活在信息爆炸时代

① 李明 . 科技文献检索与分析 [M]. 武汉：华中科技大学出版社，2015：22.

的人们无所适从，如何帮助人们对庞大的信息进行判别、评估和利用，是21世纪图书馆必须要面对的课题和承担的责任，信息素养的高低不仅仅决定人们利用信息的能力，同时也是一个国家、一个民族强盛的重要标杆。

第二节　我国现代图书馆的类型

图书馆类型是社会分工日益向专业化方向发展，以满足不同人群的信息需求的产物。图书馆事业是由各种类型的图书馆组成的。而每种类型的图书馆其产生和发展都有着自己的特点。随着图书馆事业的发展，社会上相继出现了各式各样的图书馆。这些图书馆的具体任务和服务对象不同，对书刊文献资料的搜集、整理、保管和传播的内容、方法、形式也各有差异。

一、图书馆类型划分的依据

确定划分图书馆类型的依据，需要弄清现在各种类型图书馆的基本状况，分析它们的相同之处和具体差异，然后根据这些情况确定划分的依据和标准。总的来说，图书馆类型划分的依据主要有以下几个。

（1）读者和用户的需求。图书馆是针对特定用户群的信息需求来发展自己的信息资源体系的，围绕其需求形成了自己的文献资源特色，进而影响到图书馆的组织结构和服务方向，形成了不同类型的图书馆，如少年儿童图书馆、老年人图书馆、盲人图书馆、妇女图书馆等。

（2）图书馆的资金来源。不同资金来源的图书馆也能成为划分图书馆的依据。例如，公立图书馆的资金主要来源于政府，民办图书馆的资金主要来自民间捐赠或者个人。其中，就民办图书馆而言，其还有进一步的划分。比如，学者张广钦将民办图书馆分为“连锁经营的图书馆、基金会资助建立的乡镇（农村）图书馆、私人图书馆、读书社、万家社区图书馆、企业建立的社会图书馆和民办学校图书馆”[①]。学者梁灿兴将民办图书馆分为“自发形成的民营图书馆、商业性质的民营图书馆、慈善组织或资金资助建设的乡镇（农村）图书馆，“官”民合办的社区图书馆”[②]。学者张志

① 张广钦．民营图书馆的界定、类型与研究现状[J]．图书情报工作，2007（1）：6-10.

② 梁灿兴．试析民营图书馆生存空间的特征[J].图书情报工作，2007（1）：15-18，59.

广从创办主体和管理方式的角度对民办图书馆进行分类，他所分的类别为“非企业单位形式的民办图书馆，准民间组织形式的民办图书馆，经营实体形式的民办图书馆，混合共建形式的民办图书馆”[①]。

（3）图书馆的文献信息资源体系。图书馆在自身的发展过程中也会逐渐形成自己保藏特色的文献信息资源体系，也会影响图书馆类型的划分。

（4）图书馆的管理体制。图书馆的管理体制其实指的就是在图书馆实际运转中由谁对图书馆进行整体控制，谁负责确定图书馆的服务对象、资金投入以及监督约束。因此，不同的管理部门构成的管理体制也是图书馆类型划分的依据。

二、我国图书馆类型划分的基本情况

根据国际标准化组织（ISO）和国际图书馆协会联合会（IFLA）制定的图书馆统计的国际标准，我国图书馆做了如下分类。

（一）高等教育机构图书馆

高等教育机构图书馆指在高等院校中建立的，有组织地收集图书、期刊和其他声像资料，并向大学或其他高等教育机构的师生们提供并促进这些资料使用的机构。它也可以向一般公众开放。高等教育机构图书馆服务的对象是拥有较高专业水平的群体，因此，它虽然属于学校图书馆范畴，但由于其在性质、地位、馆藏特色、作用上区别于普通学校图书馆，所以将其单独作为一种类型的图书馆。高等教育机构图书馆是高等教育机构的文献信息中心，是教学、科研的信息保障，同时还是大学生的第二课堂。

在国内众多的高校图书馆中以北京大学图书馆、清华大学图书馆最为著名。北京大学图书馆的前身，是始建于1902年的京师大学堂藏书楼，辛亥革命之后，正式改名为北京大学图书馆。一百多年以来，经过几代北大图书馆人的辛勤努力，北京大学图书馆形成了宏大丰富、学科齐全、珍品荟萃的馆藏体系。北京大学图书馆印刷型特色资源包括地方志、晚清民国旧报刊、民国图书、西文东方学文库、中德学会旧藏、中法大学旧藏、侯仁之赠书、方志彤赠书、侯思孟赠书、欧盟文献、珍贵西文文献、学位论

① 张志广．我国民办图书馆的发展模式及预期制度安排[J]．新世纪图书馆，2010（3）：84-87.

文、北大文库、季羡林赠书、张芝联赠书、钱端升赠书、段宝林赠书、台湾文献、李氏专藏、马氏专藏。北京大学图书馆特色资源数据库包括北大博文、北大讲座、古文献资源库、北大名师、报纸热点、李政道图书馆。清华大学图书馆系统由校图书馆及文科、经管、法律、建筑、美术、医学和金融7个专业图书馆组成。到2013年底,清华大学图书馆的馆藏总量约有463.0万册(件),形成了以自然科学和工程技术科学文献为主体,兼有人文、社会科学及管理科学文献等多种类型、多种载体的综合性馆藏体系。

(二)流动图书馆

流动图书馆又称"巡回图书馆",有时是公共图书馆的一部分,指用交通工具装载文献,按一定的路线为偏远地区或因某种原因无法设馆的地区的居民提供借阅等服务的图书馆服务设施。作为图书馆延伸服务的一种成功模式,近年来流动图书馆在全国各地蓬勃发展。黑龙江省图书馆流动分馆建设,充分考虑基层群众的文化诉求,将早期建设重点放在了省直机关、驻地部队、公安司法系统、街道社区、学校、旅游景点以及边境、贫困县的图书馆等。从2008年开始,黑龙江省图书馆建立了"黑龙江省图书馆镜泊湖风景名胜区分馆"和"北极村分馆",提升了旅游风景区的文化品位,丰富了广大游客的文化生活,使得游客在欣赏到旖旎风光的同时还可以享受到良好的公共文化服务。武汉市流动图书馆主要有三种服务方式:一是汽车流动图书馆服务,二是流动书库建设,三是农村图书室的建立与完善,以实现城乡文化资源共享一体化。武汉争取为每个区级图书馆配备一辆流动图书车,定期或是不定期到流动服务点开展服务,将书籍送到读者手中,以改善村民阅读环境。

(三)国家图书馆

国家图书馆是负责所在国家获取和保存所有相关文献复本的图书馆,它是承担法定呈缴本功能的图书馆。目前,世界上大多数国家都建有自己的国家图书馆,有的不止一所。中国国家图书馆位于北京,由一个主馆和一个分馆组成,是国内图书馆中规模最大的图书馆,拥有2200万册(件)馆藏量,是亚洲最大的图书馆。中国国家图书馆建筑面积14万平方米,裙楼分布在主楼两侧,裙楼地上5层地下1层,分布着图书馆的各个功能单元,设有各具特色的阅览室46个,其中开架阅览室23个,日均可接待读者六七千人次。中国国家图书馆馆藏丰富,品类齐全,古今中外,集精结粹。作为国家藏书机构,中国国家图书馆依法接收全国各出版社送缴收藏的出版样书，另外还收藏全国的非正式出版物。

(四)公共图书馆

公共图书馆向所有居民开放，经费来源于地方行政机构的税收，其设立和经营必须有法律依据。公共图书馆担负着为大众服务和科学研究的双重任务，其中为大众服务，普及科学文化知识，提高全民科学文化水平是它的首要任务。除满足一般读者需求，公共图书馆都会有一些独具地方特色的馆藏，如图书馆的地方志文献特藏。我国的公共图书馆主要按行政区域划分，除国家图书馆，有省、直辖市、自治区图书馆；地区、市、州、盟等行政区图书馆；县(区)图书馆，乡镇图书馆、街道图书馆等。这些公共图书馆的馆藏大多是综合性的，通常还建有地方文献的专藏。

(五)专业图书馆

这类图书馆是指中国科学院、中国社会科学院及研究所的图书馆，还有政府部门及其所属研究院(所)和大型厂矿企业的技术图书资料室，以及一些专业性的图书馆其服务对象主要是各种专业人员，主要任务是为科学研究和生产技术开发服务。其藏书的学科专业性强，一般按所属单位的科研、生产任务建立藏书体系，同时注重国内外专业信息资料的搜集，其收藏重点是能够支持本单位科学科研的专著、学术会议录、学术期刊和参考工具书，国外文献占很大比例，特别是国外期刊。专业图书馆包含众多具体类型的图书馆，有综合性的，也有专业性的，如政府图书馆、健康服务图书馆和医学图书馆、专业学术机构和协会图书馆、工商业图书馆、传媒图书馆、地区图书馆。

(六)其他类型图书馆

其他类型图书馆主要包括工会图书馆、少年儿童图书馆、中小学图书馆、军事系统图书馆、党校和党政机关图书馆、保存图书馆和存储图书馆。

1. 工会图书馆

工会图书馆是工会组织举办的群众文化事业机构。它是向职工进行思想教育的重要阵地，也是职工学习政治、学习科学文化知识的场所。

2. 少年儿童图书馆

少年儿童图书馆，包括独立设置的儿童图书馆和在一些公共图书馆设立的少年儿童分馆或少年儿童阅览室及服务部。其宗旨是提供图书资料，满足少年儿童学习文化知识和促进智力发展的需求。

3. 中小学图书馆

中小学图书馆亦称学校图书馆，在有些国家称为“学校媒体中心”或“学校图书馆电教中心”。中小学图书馆是中小学的有机组成部分，是学校教育和教学必不可少的条件。中小学图书馆的主要任务包括搜集、整理、保存各种书刊文献资料，建立与中小学教育要求相适应的藏书体系；利用各种文献为学校的教育教学服务；通过各种文献信息，为教师的教学、科研服务，为学生的课外阅读服务；开展有关图书馆知识和文献检索知识的教育。

4. 军事系统图书馆

军事系统图书馆是为军队及军事人员服务的图书馆。我国的军事图书馆是根据中国人民解放军的各机关、院校和各军兵种的需要而设置的，它们分别隶属于不同的军事机构。部队的基层图书馆（室）由中国人民解放军总政治部文艺处管理。军事系统图书馆如军事领导机关图书馆、军事院校图书馆、军事科学图书馆、连队图书馆（室）。

军事领导机关图书馆系指解放军各总部、各军、兵种、各大军区、军、师等军事机关所设立的图书馆。这种图书馆的主要任务是向各级指挥员提供军事理论和战略战术等方面的书刊资料。

军事院校图书馆的主要任务是为教学和科学研究服务。它有军事系统的特点又与普通高等院校图书馆有许多共同之处。服务对象是全校的学员、教员和干部。其馆藏以教科书和教学参考资料为主，收藏范围根据各校专业性质而定。军事高等院校图书馆与普通高等院校图书馆有许多共同之处，在各系也都设有图书资料室。

军事科学图书馆系指军事研究机构所设立的图书馆。它的主要任务是为军事科学研究服务。

连队图书馆（室），指的是团以下单位所设的俱乐部图书馆（室）。它面向连队，为广大战士服务，主要为广大指战员提供通俗易懂和所喜爱的书刊资料。在服务方式上，连队图书馆（室）强调群众性，运用多种方法，把书刊送到指战员手中，配合部队的中心任务和军事训练，开展群众性的图书宣传和阅读活动。它所收藏的文献主要是通俗易懂、适合战士阅读的各种书刊。

另外，还有军事机关图书馆和军事研究单位图书馆等。

5.党校和党政机关图书馆

党校是中国共产党培养、训练社会主义现代化建设事业所需要的既懂理论,又有实际工作能力的党的各级领导干部的教育机构。党校图书馆就是为党的干部教育、培养工作服务的。它既为教学服务,又为科研服务。党校图书馆如中共中央党校图书馆、中共陕西省委党校图书馆等。

党政机关图书馆是根据单位工作需要,搜集、整理、保管有关专业文献,主要为本部门服务的图书馆,如中共中央宣传部图书馆、中共中央马恩列斯著作编译局图书馆、外交部图书馆资料室、人民日报社图书馆等。

6.保存图书馆和存储图书馆

这两类图书馆主要功能是用以存储来自其他管理部门的、低利用率的文献资料的图书馆。

此外,还有特种类型图书馆。这类图书馆一般指为残疾人服务的图书馆。这种图书馆服务对象具体包括肢体伤残者、聋哑人、盲人、弱智、老年人、病人等。

第三节　互联网时代的图书馆

互联网时代,图书馆对知识的简单存储已经不能满足读者的需要,只有通过服务创新实现图书馆的转型,适应互联网时代读者对图书馆的深层次需求,才能化解互联网对图书馆的冲击。当然,互联网也为图书馆的创新提供了强大的技术支持和思维工具,图书馆可以利用互联网技术与思维,从读者的需求出发,探索出一条以用户为中心的服务模式。

一、“互联网+”的内涵

互联网的诸多优势使得包括各行各业的整个社会逐步向互联网转型。起初是利用互联网技术把互联网作为一种工具改进传统的流程和管理,这个阶段被称为“+互联网”。后来逐步将互联网作为一种思维方式渗透到社会和组织运行的各个层面,重构业务模式,并对管理思想、管理理论和管理观念产生了深刻影响,这个阶段被称为“互联网+”。“互联网+”强调将互联网思维渗透到行业的各个角落以及产品和服务的整个生命周期,改进产品与服务的体验,创新与用户的连接方式,改变看待产品与服务的视角,重构商业模式,更加注重创造增量,创新产品与服务。连接是“互联网+”的基础,它包括技术要素的连接、人连接、与其他行业的连接,连接一切。

作为信息处理和交流的工具,互联网在过去的几十年中被广泛应用,渗入社会的各个方面。这其中的原因主要包括以下几点。

第一,互联网使得信息的交流与传播在时间上更为自由。互联网的技术特性让信息的交流与传播摆脱了对交流通道的专有占用,相对于电报、电话而言,基于互联网的信息交流与传播更为自由,基本不受时间限制。

第二,互联网使得信息交流与传播在速度上更为快捷。一方面,基于现代通信技术的互联网传递信息的速度本身就极为迅速;另一方面,信息交流与传播的用户是直接的发出方或接收方,中间几乎没有除互联网之外的第三方,所以无谓的时间消耗较少。

第三,互联网使得信息交流与传播在空间上更为广阔。互联网技术及规则的标准化消除了信息交流与传播中的技术障碍,只要有互联网的地方就可以平等地使用互联网进行交流与通信,这在相当程度上拓展了信息交流与传播的空间范围。

第四,互联网使得信息交流与传播在内容上更为丰富。凡是可以进行数字化描述的内容都可以通过互联网进行传输。

第五,互联网使得信息交流与传播在形式上更为多样。互联网的开放性孕育了众多信息交流与传播的形式,既有以门户网站为代表的点对面传播形式,也有以QQ、微信为代表的点对点、多点交流形式,另外还有一些其他平台上的评论、点赞等功能所代表的泛交流形式,多种交流形式的并存以及相互借鉴与影响成就了互联网信息交流与传播在形式上的多样性。

二、“互联网+”对图书馆的影响

“互联网+”是把互联网的创新成果与经济社会各领域深度融合,推动技术进步、效率提升和组织变革,提升实体经济创新力和生产力,形成更广泛的以互联网为基础设施和创新要素的经济社会发展新形态。“互联网+”不仅颠覆了传统思维模式,更是重塑了社会经济模式、商业模式和社会治理服务模式,它给图书馆带来的影响既是深刻的,更是深远的。

（一）颠覆了图书馆形象

图书馆的形象总是随着科技发展和社会进步而不断改变的，“互联网+”下，图书馆的形象发生了颠覆性的改变。

传统图书馆作为藏书楼存在的时代，图书馆以一种比较封闭的形象示人。

以文献服务为中心的时代，即图书馆是一个以资源为中心进行收集、整理、储存、传播和管理的场所，保存人类文化遗产，履行社会教育，文献资源整合和提供文献信息服务是其主要的职能，图书馆开始突破封闭，有所开放。

互联网技术和移动通信技术的创新和广泛应用，拓展了人们获取信息的方式和渠道，用户对图书馆的依赖度将会降低。图书馆通过利用先进的互联网技术、信息通信技术等，实现了一定程度上的资源共享，图书馆从资源到设施都有了进一步的开放。

在“互联网+”下，图书馆以实现任何读者在任何时间、任何地点、任何图书馆能即时获得所需要的任何信息为目标，同时任何读者都能在图书馆享受到畅通无阻的交流、交互服务和即时服务，图书馆真正实现了无边界、全开放。

（二）重构图书馆组织结构

传统图书馆都是以自我为中心的封闭系统，有限的馆藏、特定的服务对象和特定的服务地点使得传统图书馆呈现出保守性、模式化的特点。图书馆组织内部呈条状分割状态，采编、流通、阅览、储存等部门各自固守着自己的领域。但在“互联网+”时代，由于移动通信技术的广泛应用，读者具有社群性、聚合性、碎片化的特征。因此，读者可能会要求图书馆能在任何时间、任何地点，以任何所需方式提供任何信息。面对读者这样的需求，图书馆首先要突破馆内部门分割局面，图书馆所有部门的工作都要围绕读者展开，并依托图书馆大数据，实现以读者为中心的管理和服务一体化；其次要实现跨馆融合，真正实现资源共享。由此可见，“互联网+”不仅能够创新图书馆管理与服务理念，而且“互联网+”的网络规模效应也会重构图书馆的组织结构和工作流程，极大地丰富图书馆管理和服务的手段。

（三）重塑图书馆职能

传统图书馆以早期的藏书楼为代表，是早期文献资源的主要储存场所，主要职能为保存人类文化遗产和为部分读者提供阅读服务。后来，图书馆成为一个以文献资源为中心进行收集、整理、储存、传播和管理的场所，履行社会教育、文献资源整合和对全社会提供文献信息服务的职能。接着，图书馆成为各类信息资源开发、存储和利用的中心以及信息资源的集散地，并一定程度上实现了资源共享，起到了文化传承和发展的职能作用。

随着互联网创新成果与经济社会各行业及服务深度融合的“互联网+”时代的到来，图书馆知识中心的地位不再明显，边界不再明确，与其他行业的深度融合将成为图书馆的主要发展方向。图书馆将体现“互联网+”下图书馆的新职能、新形象，为全社会提供全方位的信息资源服务。

（四）重组图书馆价值评价体系

传统图书馆价值评价体系的重要元素：保存人类文化遗产、履行社会教育、文献资源数量和提供文献信息服务。但在“互联网+”下，图书馆将是一种创新驱动，是一种生产要素。“互联网+”下的图书馆，将不仅致力于为社会各行业及服务提供信息支持，而且将致力于大数据的开发、储存和利用。因此，图书馆与互联网的融合度、图书馆对大数据开发和利用的广度和深度，尤其是用户的满意度将成为“互联网+”下图书馆价值评价体系的重要考量因素。

（五）重建图书馆技术支持

传统图书馆完全依赖于人力对藏书和藏书楼的管理，如防潮、防火、防蛀等，以及对典籍按照五部（经史子集丛）加以分类保存。计算机出现后，图书馆的服务、管理、业务流程都由过去完全的手工开始进入机械化阶段，更多的读者能够进入图书馆享受到借阅、咨询等服务。随着计算机技术和通信技术的不断成熟和发展，图书馆从文献资源建设到读者服务的每一个业务流程都在计算机技术和通信技术的支持下实现了图书馆现代化。互联网技术的进一步发展，为图书馆建立、开发、传递图书馆大数据系统提供了优质的技术支持。因此，“互联网+”下图书馆将基于已有的信息资源（包括数据资源）与其他行业进行数据资源深度融合，并将最终成为全社会最大的数据中心，为社会和读者提供全方位的信息服务。

三、“互联网+”对图书馆提出的挑战

伴随着“互联网+”时代的到来,图书馆所面临的一些问题也愈加凸显。

(一)“互联网+”意识缺乏

图书馆领域内相当一部分机构和服务人员虽然听说过“互联网+”的概念,但不能理清“互联网+”的内涵和本质,对“互联网+”的作用及所产生的深刻影响缺乏足够的认识,甚至有人认为“互联网+”与图书馆没有任何关系。从现有的文献研究资料来看,在图书馆领域对“互联网+”的研究,不同地区、不同类型、不同层次的图书馆管理人员及服务人员在认识的广度和深度上都存在着较大差异。

(二)“互联网+”思维尚未形成

图书馆领域目前缺乏对“互联网+”的正确认识,尚未树立起“互联网+”的意识,这使得其对图书馆与互联网进行跨界融合的态度不明朗。有的图书馆基于管理者的惰性、历史习惯和传统思维模式,而不愿改变图书馆既有的现状,不愿承担与互联网进行深度融合所带来的精力投入和成本投入;有的图书馆对“互联网+图书馆”持怀疑态度,暂时观望;甚至还有一些小型馆、地区偏远的图书馆拒绝接受“互联网+”。这是目前图书馆所面临的最大问题。

(三)技术支持不够

在“互联网+”下,图书馆基础设施建设包括网络基础设施建设、软硬件基础设施建设、标准接口基础设施建设。目前,这三个方面的基础设施都不完善,亟须大幅度加强和提高。虽然在20世纪90年代末,大部分图书馆更换了集成管理系统,并且在随后的使用中也做过升级处理,但这种升级范围较多集中在传统文献的管理上,而不包括网络信息资源的管理,这使得图书馆为用户所提供的使用网络信息服务资源的行为和工具,方式、方法还达不到现代网络信息服务技术的发展水平。

(四)跨界人才资源储备不足

在“互联网+”下,信息服务的融合具有交叉性,大数据的开发和利

用具有跨界性，这不仅要求图书馆管理人员要有专业的图书文献资源管理的相关知识，同时还要具备相当的计算机使用能力和借助计算机语言进行大数据资源的收集、整理、传递、储存等能力。但目前这种具有综合素质的专业人员图书馆还是相当缺乏的。

（五）风险意识防范不强

鉴于目前互联网技术在图书馆应用范围的有限性，图书馆网络系统受到黑客攻击的可能性较低。也因此，图书馆管理者和服务人员都缺乏相应的风险防范意识。但在“互联网＋”时代，图书馆无论是管理系统还是服务系统的网络都呈开放化、数字化、科技化。受利益诱惑的驱使，图书馆网络系统很容易受到黑客的入侵。可见，在“互联网＋”时代，风险防范同样是图书馆所面临的重大难题。

四、“互联网＋”时代图书馆发展路径

传统的图书馆应根据自身所处的内部环境，改变传统的观念和思维方式，力求思想上符合时代趋势的发展思路，提升整个图书馆系统的资源配置效率、体现图书馆的社会价值、阻止其边缘化倾向。“互联网＋”在诸多行业的成功实践为图书馆的创新提供了示范和借鉴，基于“互联网＋”的逻辑寻找解决问题的行动路径是图书馆创新的重要思路。

（1）从人性化需求的角度思考“互联网＋”时代图书馆的创新。尊重人性是“互联网＋”的重要特征，从人性化需求的角度思考图书馆的创新是“互联网＋图书馆”的客观要求。图书馆系统内的人性化需求有以下几个：用户从图书馆的资源和服务中获取的知识积累、能力提高、素养提升以及在这个过程中所得到的充分尊重、良好体验；用户从图书馆相关社群中得到交流机会和价值认同的归属感；馆员从自己工作中得到的成就感以及合理的物质回报；等等。图书馆的创新不仅要实现这些需求的满足，而且要使这些需求满足在成本既定的前提下尽可能地最大化。

（2）利用专业信息方面的优势。例如，高校图书馆用户具有专业信息上的优势，虽然规模可能不大，但专业的信息量通常是相当可观的。因此，在“互联网＋”时代，高校图书馆应充分利用自身专业信息的优势和潜力，优化搜索界面，以维护和拓展用户的基础。

（3）构建开放的图书馆生态，促进协作与共享。构建开放的图书馆生态不仅有助于建立各主体之间的连接，促进跨界融合与协作创新，而且有利于通过共享缓解资源供求矛盾，扩大图书馆的影响，提升图书馆的社

会价值。构建开放的生态可以从以下几个方面入手。第一,图书馆尽可能地开放自己的资源和服务。第二,基于众创、众包、众筹等新模式实现社会公众对图书馆工作的参与。第三,用开放的心态整合和利用互联网免费优质资源。第四,开放数据,促进资源的共建共享。图书馆不仅要充分利用互联网上的信息资源和大数据,而且图书馆也应该把自己的数据尽可能地向社会开放。

(4)利用权威信息方面的优势。互联网拥有大量的信息,但哪些是权威的、有用的资源是一个难以判断的问题。图书馆提供的资源具有更高的权威性,这是广大用户的实际需求,所以在“互联网+”时代,图书馆应充分利用自身的优势,获得用户的信任,培养他们的忠诚度,促进图书馆自身的发展。

(5)打造“连接一切”的图书馆新生态。形成“连接一切”的图书馆新生态是创新图书馆资源建设和信息服务、提升用户体验、促进资源利用的基础。移动互联网以及物联网的推广与普及只是建立了图书馆生态相关主体之间的连接通道,而连接效果的实现则需要基于“互联网+”进行创新,社群是创新的一个重要方向。基于互联网实现人、资源与服务的聚合,通过社群强化三者之间的连接,进而形成信任和依赖,通过信任和依赖的沉淀形成稳固的连接关系。线上建立连接,线下形成互动,提升社群成员的价值认同和参与感。通过社群成员之间的自组织发挥社群个体的创造性,实现资源建设、资源推广与信息服务的统一。

(6)加快数字化进程,推动图书馆数据库建设。图书馆应重视资源数字化,并将其作为核心工作,促进图书馆数据库建设,进行高效的管理,从而更好地满足“互联网+图书馆”时代发展的需要。

(7)重构业务模式,实现融合创新。重构业务模式不仅包括对原业务模式的更新改造,也包括建立全新的业务模式。业务模式的重构可以基于以下思路:首先,要敢于跨界,通过与其他行业的跨界融合创新图书馆工作。图书馆与公益慈善、媒体、电商、教育都存在跨界融合的潜力和机会。其次,要借鉴其他领域的“互联网+”经验。随着“互联网+”的推广和普及,其他行业基于“互联网+”的模式创新层出不穷,这些探索和实践为图书馆的“互联网+”创新提供了借鉴和思路。最后,要充分利用互联网的创新成果。近年来,大数据、云计算、互联网思维等互联网领域创新成果大量涌现,图书馆的创新要充分利用这些成果,提升创新的质量和水平。

第二章　图书馆服务概述

在知识经济成为社会经济主流的新时代，知识总量不断增长、知识应用不断扩展和创新，随之而来的，用户对知识的需求也发生了很大的变化。从以往希望准确、高效地获取和利用信息的需求转化为对信息内容、知识的渴望，这就给以为用户服务为根本宗旨的现代图书馆带来巨大挑战，为了在知识迅速增长的现代社会生存下来，并不断与互联网及其他一些现代化的信息服务平台开展竞争，现代图书馆必须转变思想观念，树立服务意识，不断提升图书馆的服务水平。

第一节　服务与图书馆服务的基本认知

服务是图书馆的基本宗旨，是贯穿图书馆发展的主线，是图书馆的核心价值观内容之一，因此推行图书馆服务也就成为知识经济时代的一个必然。而要推行图书馆服务，必须先对服务与图书馆服务有一个基本的了解，本节就对其进行阐述。

一、服务

一般来说，人们认为服务是为集体（或别人）的利益或为某种事业而工作，如"服务行业"，"他在邮局服务了三十年"等。但对其更深一层的含义，尚没有一个大家普遍能接受的定义，国内外学者们从不同角度对服务进行了定义。例如，美国营销学会（AMA）对服务的定义为：用于出售或者是产品连在一起进行出售的活动、利益或满足感。泽丝曼尔认为服务"包括所有产出为非有形产品或构建品的全部经济活动，通常在生产时被消费，并以便捷、愉悦、省时、舒适或健康的形式提供附加价值，这正是其第一购买者必要的关注所在"[①]。维基百科认为：服务在字义上来说

① 江涛，穆颖丽．现代图书馆服务理论与实践[M]．郑州：河南人民出版社，2014：1.

是履行某一项任务或是任职某种业务，在中文地区以及法国等，也将它当作为公众做事，替他人劳动的含义。其他一般西洋地区的这句话是个用语，涵盖所有在买卖过程后不会有物品留下，提供其效用来满足客户的这类无形产业[①]。综合这些理论认知，我们认为，服务是“一种复杂的社会现象，涵盖了从内部服务到外部服务、个人服务到产品服务，甚至还可以更广泛”[②]。一台机器是实物产品，但是，一旦加进了顾客要求的设计，它就成为一种服务。服务不仅是一种无形的特殊活动，而且更是一种观念，它的实质是更好地与消费者沟通，挖掘消费者现有的或潜在的需求，并最大限度地满足需求，获得利润、创造财富，取得竞争力。

二、图书馆服务

图书馆是为用户提供知识服务的重要平台。在知识经济运行机制中，图书馆是立于国家创新体系的中介机构。无论是知识教育、知识开发还是知识运用都离不开图书馆。它汇聚着历史的和当代科学技术的最新成果，它既是国家知识储存宝库的主要组成部分，又是知识信息传播、知识交流的重要渠道和信息中心。因此，为用户提供知识、信息服务便成为图书馆的重要任务。而要了解图书馆服务，首先要对什么是图书馆服务有一个了解。

对概念的了解有助于人们对事务的客观认识。因此，对图书馆服务的认识要首先从图书馆服务这个概念开始。在图书馆管理的诸项工作中，图书馆服务是图书馆工作中最重要的组成部分，是连接图书馆与读者之间的桥梁。图书馆服务通常被认为是图书馆读者服务的代名词，甚至很多时候与图书馆读者工作混为一谈。但实际上图书馆服务这个概念的内涵与外延要远大于这两个概念。

从其概念的界定上来看，目前学术界对图书馆服务的概念界定是众说纷纭，处于不完全确定阶段。例如，武汉大学图书馆学系党支部书记袁琳认为，图书馆服务是根据读者的文献信息需求，充分利用图书馆资源直接向读者提供文献和信息的一系列活动，并把读者服务、读者工作和图书馆服务三者基本等同起来[③]。北京大学图书馆学专业博士生导师吴慰慈

① 程结晶，刘雪峰．西南地区图书馆服务体系理论研究[M].北京：海洋出版社，2014：4.

② 杨秀龙，崔立新．中国服务理论体系[M].北京：北京理工大学出版社，2017：12.

③ 江涛，穆颖丽．现代图书馆服务理论与实践[M].郑州：河南人民出版社，2014：3.

则认为，图书馆服务是用户服务工作、读者服务工作的同义词，他将图书馆文献的使用和服务工作以及用户发展、用户研究、用户培训等一系列工作都归入图书馆服务的范畴。图书馆学者毕九江认为，图书馆服务简单来说就是为满足读者的信息需求而开展的各项工作，除此之外，这项工作还应包括图书馆的服务理念、服务质量、服务环境，以及在图书馆服务过程中工作人员的业务能力、服务态度等①。

从这些学者对图书馆服务的概念界定来看，他们将图书馆服务的几个结构要素都归纳了出来：首先，图书馆服务的对象是以读者为主体的社会各种组织和个人。其次，图书馆服务的开展以文献信息资源、人力资源、设施资源以及其他一切可以为社会和个人所利用的资源为基础条件。再次，图书馆为用户提供以文献信息为主，包括其他各种需求的服务。最后，图书馆服务实现的前提条件就是满足社会和用户需要的各种服务手段和方式。综合这四点，我们认为，图书馆服务实际上就是为满足社会群众的信息等多方面的需求，以自身的信息资源为基础开展的多项服务工作。这一定义，既符合目前图书馆服务工作的实际，又符合图书馆服务功能开放性发展的趋势，具有一定的前瞻性。

三、图书馆服务的发展

图书馆服务经历了从封闭到开放，从仅提供一次文献到提供一、二、三次文献服务，从借阅服务到参考服务，从坐等服务到主动推进服务，从信息服务到知识服务，从完全无偿服务到出现有偿服务，从按时服务到即时服务，从在馆服务到多馆服务、馆外服务，从在线服务到全球服务的漫长历史过程。

从历史上来看，雅典出土的古希腊一个图书馆的墙壁上曾发现刻有“不得将图书携出馆外”的阅览规则便已经说明，大约在公元前6世纪的西方便已经出现了图书馆服务，只不过当时的图书馆服务主要集中体现在图书借阅上，且其服务主要针对的是少数权贵。这一情况延续到了中世纪，在修道院基础上发展起来的大学图书馆也是只针对贵族开放图书借阅权。进入17世纪以后，德国图书馆学家C.诺德提出图书馆不应只为特权阶层服务，应该向“一切愿意来图书馆学习的人开放”，服务时间也相应地延长。在他的倡导下，马萨林图书馆率先面向群众开放，此后图书馆服务才真正开始面向公众。

① 高雄.现代图书馆管理概论[M].西安：西安地图出版社，2013：524.

第二次世界大战以后，随着图书馆事业的迅速发展，图书馆服务的内容和方式日益多样化，影响越来越大，一些国家开始制定图书馆服务方面的法律、法规，如美国的《图书馆服务法》等，这些法律、法规推动图书馆服务向规范化、法制化发展。20世纪中期以后，许多国家努力实现图书馆资源共享，广泛开展馆际协作，向各类型用户提供深入、系统和便捷的文献和情报服务。

就我国来说，在漫长的古代社会，“保存藏书”一直是图书馆的主要功能，很少对外开放服务。直到辛亥革命以后，随着公共图书馆的建立，图书馆的服务对象逐渐扩大，如京师通俗图书馆设置新闻阅览室、儿童阅览室，并在一些县设立巡行文库。中华人民共和国成立以后，公共图书馆、高等学校图书馆、科学技术图书馆等各类型图书馆分别根据文化部、教育部和科学院等部门制定的图书馆条例中的有关规定，通过阅览、外借、复制、参考咨询、文献检索、宣传报道、定题情报提供、情报分析等方式，广泛地为人民服务，为经济建设、科学技术和文化教育事业的发展服务。改革开放以后，随着信息技术的快速兴起，图书馆也逐渐开始信息化工作，图书馆传统的一次文献服务形式逐渐发生了转变，它转而成为为广大用户提供包括一次文献、二次文献、三次文献、四次文献等在内的信息服务，以及其他相关服务的信息服务平台。

从以上发展历程来看，图书馆服务在图书馆的发展中也经历了自身的发展、转变，这些变化主要包括以下几个方面的内容。

（一）服务对象范围逐渐扩大

不管是世界图书馆的发展历程，还是我国的图书馆发展历程，图书馆最初服务的对象都是少数个体，如皇室、贵族、僧侣和一些学者，普通平民一方面由于知识水平有限，一方面受阶层压制，极少或不可能接受图书馆服务。近代工业文明以后，随着公共图书馆的出现，图书馆才逐渐面向公众服务。

（二）服务内容逐渐增多

在图书馆的发展历程中我们可以看到，最初图书馆为用户提供的主要是文献储藏和查阅服务，且由于社会发展水平较低，文献搜索、整理的手段落后，图书馆服务的内容单一，以至于使人们形成图书馆服务就是借借还还的简单工作。直到进入近代社会以后，随着科学技术的快速发展，人类创造信息的能力大幅度增加，图书馆的信息储备量也随之增加，再加上信息技术的快速发展，图书馆服务的内容不断扩展，除了传统信息储存与文献查阅服务之外，图书馆还向用户提供全文检索、多媒体服务、网络检索、信息咨询、科技查新等服务内容。

（三）服务手段逐渐复杂

传统的图书馆在搜集、整理文献资料时主要依靠的是人力，向用户提供信息服务也主要依靠的是人力，人需要自己动手去搜集、查阅信息。进入现代阶段以后，图书馆向用户提供服务的手段也有了很大的发展，一方面计算机等技术的运用使图书馆办公自动化成为现实，也给图书馆服务管理的手段带来了变革；另一方面虚拟现实等高新技术将图书馆服务带入一个新的阶段，这些都展现了图书馆服务手段逐渐复杂的特点。

第二节　图书馆服务的特征

在现代图书馆的建设与发展中，随着网络时代的到来，作为人类知识宝库的图书馆正在发生着深刻的变化，它不再仅仅是保存和利用图书的场所，而伴随着现代信息技术的进步与广泛应用，服务观念和服务方式发生了巨大变革，并逐步发展成为人类的知识信息中心。在其发展的历程中，现代图书馆服务也表现出以下几个方面的特征。

一、服务理念信息化

互联网时代的来临，应用现代信息技术进行服务已经成为社会的普遍认知。图书馆作为信息服务的一个重要平台，为社会群众提供信息服务是其重要的职责。而信息服务先是一种观念、一种认识和组织服务的理念，在信息化社会，产生于网络技术基础上的互联网也可以为用户提供便捷的信息服务，这就在很大程度上分流了图书馆的用户，促使图书馆必须在知识服务层面下功夫，有效地收集、组织、存贮信息资源，根据用户的需要对信息资源进行深层次开发，挖掘其中隐含的知识，提供解决问题的知识，这就使得现代图书馆在服务理念上呈现出明显的信息化特点。

二、信息载体多样化

现代图书馆兼顾着传统图书馆的文献馆藏，以及现代图书馆信息服务的两方面任务，虽然很多图书馆收藏的印刷型文献仍然是信息的主要载体，但为了向用户提供更为便捷的服务，不少图书馆都在朝着“馆藏数字化、数字化馆藏、虚拟馆藏”的方向发展。这反映在现代图书馆搜集的文献资源除了传统的印刷品之外，还有各类电子文献，如电子图书、电子期刊、网络报纸、综合性数据库、光盘，缩微型、视频文献、音像文献等。同时，不少图书馆还以网络技术为手段，将各类本地数字信息资源和网上的虚拟数字信息资源纳入馆藏信息中，通过四通八达的信息高速公路快速传递信息资源，它彻底地改变了传统的信息提供和获取方式，将分散于不同载体、不同地理位置的信息资源以数字方式存贮起来，并通过网络相互连接，实现了真正的信息资源共享，用户可以根据自己的需要，自由地访问那些适合自己的信息资源，极大地增加他们信息资源的拥有量，进而提高整个社会的信息获取能力。

三、服务虚拟化

进入网络社会以后，现代图书馆大量引入信息技术，使得图书馆虚拟馆藏资源和虚拟信息系统机制上的新型信息服务模式逐渐形成。在现代社会中，图书馆服务始终处于一个动态和虚拟的信息环境中，用户通过网络技术可以不必亲临图书馆便能获得相关的信息服务，同时图书馆也可以利用自建的数字化馆藏资源，以及各类网络交互工具和信息传输工具，为更为广泛的图书馆用户提供信息服务，而这些服务基本上是通过网络开展的，这种无形的、即时的虚拟化信息服务突破了时空限制，使得图书馆为读者提供无所不在的信息服务成为可能。

四、信息需求的个性化和专业化

在网络时代，图书馆不单单是将文献资料单向传输给读者，还可以为广大用户提供知识单元信息。这就与传统的图书馆信息服务有了很大的区别：在传统的图书馆服务中，图书馆员只要告诉用户某一个问题在哪一书刊中可以找到就行了，而在网络时代，由于数字化资源和信息技术的支撑，图书馆员需要向用户提供更加快捷、更加新颖的信息服务，同时还需要对所提供的信息进行分析，以便适应用户的需求。而不同用户对信息的需求呈现出不同的特点，这就在很大程度上推动了图书馆信息服务需求的个性化和专业化发展。

五、服务态度的主动化

为用户提供文献、信息等服务是图书馆最基本的职能之一，在网络环境下，由于互联网信息技术的快速发展，网络信息搜索成为人们进行信息检索的重要方式，挤压了图书馆生存空间，这就使图书馆的服务开始由传统的被动服务向主动服务转变。这种变化主要体现在以下三个方面。

（1）图书馆的服务方式由信息储藏向信息加工和传递转变，使图书馆成为读者获取最新信息和知识的来源。

（2）图书馆开始发挥自身的信息优势，改变被动服务方式，主动参与市场竞争，树立市场观念，根据市场需求，为社会各部门提供各种信息服务。

（3）图书馆开始主动为科研服务，使图书馆成为国内外新学科、新领域、新课题、新动态、新技术成果的跟踪者和信息提供者，发挥信息的时效性，为读者特别是科研人员提供及时、准确的服务。

六、服务人员素质专业化

进入网络时代以后，图书馆在我国的经济建设、文化建设和社会发展中的作用越来越引人注目，同时社会对图书馆的要求也越来越高，图书馆的担子也就越来越重，社会对图书馆工作人员的要求也越来越高。一方面，由于信息环境和技术手段的变化，图书馆的服务工作增加了许多新的内容和技术含量，新技术已经开始影响服务水平，决定服务质量的高低。因此，图书馆服务人员必须不断提高自己的服务素质，高素质的服务水平为用户提供高质量的服务。另一方面，网络环境下用户仍愿意使用图书馆，除了图书馆收藏大量的文献信息外，主要是用户希望得到图书馆员的帮助和专业指导，得到知识信息管理、知识导航、知识分类的能力，这要求图书馆的服务人员不断提高自己的职业素养。具体来看，图书馆服务人员应努力提高自己以下几个方面的素养。

（1）过硬的思想道德素质，图书馆是属于社会的公益事业，经济收入自然比不上其他行业，这些年来，许多图书馆从业者都将这份工作当作安置家属的好去处，使图书馆不能真正发挥作用。事实上，图书馆服务是一门具有很强文化素养要求的工作，图书馆服务人员必须要有较高的文化素养，同时要具有开拓、奉献、敬业的精神和责任感，只有这样，才能做好现代图书馆服务工作。

（2）较广的知识面，掌握情报的基本理论及相关学科知识，具有一定的信息资源整理等能力，以便更好地开展信息服务工作。

（3）除一般的文化知识和专业知识外，图书馆服务人员还应掌握计算机、网络、通信、多媒体技术。

（4）图书馆服务人员应树立服务意识，参与市场营销。

七、服务多元化

在网络环境下，通过计算机技术、远程通信技术和网络信息处理技术的应用，现代图书馆纷纷建立起自己的网络服务平台，这一方式从根本上改变了图书馆在信息资源开发、组织和控制调度方面的情况，使其能根据图书馆用户的多元化需求为其搜索、展示他们需要的信息，从而在网络中将各类信息获取方式融为一体，实现信息交流、查询、获取、阅读和发布的一站式集成化服务。在空间上，用户不仅可以到图书馆享受比以往任何时候都优越的读者服务，更可以不用亲自到图书馆，在家里或其他任何有网络的地方通过注册就可进入图书馆网页，查阅信息资源，变远距离为近距离，跨越空间的界限；在时间上，读者可以在任何时间通过有线或无线网络访问图书馆，也可以在同一个时间段内同时检索和借阅注册过的多家图书馆的资源，通过搜索、筛选，获得他认为最需要、最合适的信息资源，方便快捷。图书馆服务呈现出多元化、立体化、全天候的特征。

第三节　现代图书馆服务的原则

一般来说，用户对图书馆资源和服务的需求是错综复杂、多种多样的，要想切实为用户提供满足他们需要的服务，图书馆就必须把“读者第一、服务至上”作为读者服务工作的宗旨，并遵循以下原则。

一、以人为本原则

在图书馆服务中，图书馆工作人员应以满足读者需求为核心，以积极的服务态度和认真的服务精神，通过各种措施，调动一切力量，为读者充分获取和利用图书馆各种信息资源提供一切方便，这就是以人为本原则。它体现了“一切为了读者”的服务思想和全局性的要求，也就是说，在图书馆服务中，所有文献、所有人员、所有工作都要把为读者服务当作出发点和归宿，图书馆的各项服务工作也都要围绕读者的需求进行。

在以人为本原则的引导下，不少图书馆在向用户提供服务时都推出了以用户为中心的服务模式，这种模式强调用户的主导地位和主观能动性，强调用户专业素养、检索能力和分析能力，图书馆管理人员只进行前期和后期服务，中间让用户自己服务于自己。比如，一些图书馆实行了开架借阅服务模式，最大限度地方便了用户的同时，为用户自由存取信息资源提供了条件，有助于调动用户的积极性，同时这种模式也容易出现一些问题，如容易造成文献信息资源混乱，加大图书馆工作人员的后期工作量。因此，图书馆要根据自身的情况，科学选择用户服务模式。

同时，图书馆要将“用户第一，服务至上”的服务精神和服务理念融入图书馆服务的各项工作中。在具体的工作中，要从方便大多数读者出发，查看馆藏文献信息是否符合用户的需要；图书馆服务内容是否满足用户的多样性需求；图书馆员的服务态度是否令用户满意；图书馆信息服务的能力和效果是否令用户满意；图书馆服务实施是否方便用户使用；图书馆信息服务方式是否能满足用户的个性化需求等。换句话来说，图书馆应根据用户的知识结构、认识规律、思维能力、使用习惯等来创新服务，一切围绕解决用户的实际问题来开展，只有这样，图书馆服务内容才能赢得用户，才能赢得市场。

此外，图书馆应当根据客观情况的变化及时地调整和完善规章制度，协调好图书馆、工作人员、读者三方面的关系，既要方便读者；又要建立在科学管理的基础上，真正使图书馆的服务与管理体系以保护大多数读者的利益为出发点，保证图书馆的服务健康有序地发展。

二、平等服务原则

联合国教科文组织与国际图联在《公共图书馆宣言》中明确提出：“图书馆应不分年龄、种族、性别、宗教、国籍、语言或社会地位，向所有的人提供平等的服务。”可以说，图书馆面前人人平等，是图书馆界的“人权宣言”。图书馆服务中体现平等服务的原则，就是要求图书馆以平等精神关爱每一位读者，尊重每一位读者，维护每一位读者的合法权益。具体来看，在服务过程中，图书馆应保障用户以下的权利得到实现。

（1）平等享有阅读的权利。

（2）平等享有取得用户资格的权利。

（3）平等享有对图书馆工作进行评价的权利。

（4）平等享有获得图书馆辅导帮助的权利。

（5）平等享有个人人格和隐私不受侵犯的权利。

（6）平等享有参与和监督图书馆管理的权利。

（7）平等享有遵守图书馆规章制度的权利和义务。

（8）平等享有提出合理化建议的权利。

（9）平等享有接受安全、卫生等辅助性服务的权利。

（10）平等享有当自己的合法权益受到侵害时提出改进、索赔或诉讼的权利。

以上用户权利的保障体现了图书馆无身份歧视的理念，除此之外，图书馆要实现真正的平等服务，还要能关爱弱势群体。图书馆能否真正提供平等服务，关键在于能否平等对待弱势群体，能否给弱势群体以人道主义关怀。不能给弱势群体以平等对待和人道主义关怀，图书馆平等服务便是不彻底的，甚至是虚伪的。

三、主动服务原则

进入网络时代以后，在互联网搜索技术迅速泛滥的背景下，传统的居于知识传授与信息检索主导地位的图书馆的生存空间受到压缩，越来越多的年轻人更倾向于通过网络检索、搜集相关信息，这就要求图书馆转变服务理念，变被动服务为主动服务。因此，在新时期，主动服务也是现代图书馆服务的一个重要原则。

这里的主动服务原则主要指的是图书馆以社会和用户的文献信息及其他文化、教育、休闲需求为核心，以积极的态度和服务精神，采取各种措施和手段主动地为社会服务。倡导主动性原则，能促使图书馆员始终以读者为中心，处处为读者着想，增强责任感，从而形成一切为读者的工作局面，以科学的管理方法和良好的服务赢得众多读者，体现图书馆对社会经济发展的先导作用。一般来说，在现代图书馆服务中，需要图书馆工作人员做好主动服务的工作包括以下几个方面。

（1）生产、开发有特色、实用、能上网服务的数据库及馆藏资源网上公开查询和浏览系统，推动图书馆由文献资料的收藏者向知识信息的生产者、开发者转变。

（2）利用自身收集、综合、分析、判断与整理信息能力的专业优势，开发利用网上资源，拓展图书馆服务，为用户提供信息的组织加工、检索导航的服务。

（3）借助网络与通信的优势，继续开展传统的主动服务并利用新的技术改善其质量，开展新的更高质量的服务。

（4）为用户举办讲座和培训班，普及网络知识和检索技能，介绍上网常见问题及解决办法等，提高用户自我服务的能力。

（5）追踪用户需求的变化，做好机动性主动服务。

四、开放服务原则

现代图书馆的馆藏文献资源具有数量庞大、类型复杂、载体繁多、内容广泛、语种多样等特点。特别是随着信息技术的飞速发展和网络的不断延伸，图书馆满足读者信息需求的信息资源空间得到了前所未有的拓展。与此同时，在网络环境下，读者对信息的需求发生了极大的变化，读者获取和利用信息的手段也逐渐朝着数字化、网络化的方向发展。他们不再仅仅满足于文献的获取与阅读，还需要及时了解社会方方面面的信息，掌握本研究领域及其所感兴趣领域的最新研究进展；他们需要在开放式、交互式的信息环境中搜索、阅读和交流信息知识。针对这些情况，图书馆应树立开放服务思想，实施开放服务原则。

一般来说，图书馆在服务用户中，施行开放性原则要从资源、时间、人员和馆务上入手。也就是说，图书馆在服务用户的过程中，应该面向所有读者提供尽可能自由开放的服务，在传统图书馆服务的基础上，实现全开架服务、延长服务时间、打通资源配置、取消或减少读者利用资源的限制、开放网上信息服务等，充分体现图书馆的公共服务思想。

首先就资源来说，图书馆应把图书馆的所有资源和设施向用户开放，如最大限度实行开架借阅；与其他院校图书馆联合实行资源共建共享；建立网上各种信息资源数据库为广大用户使用；增加计算机检索设备的使用和开放等。

其次就时间来说，图书馆应尽可能延长用户利用图书馆的时间，如节假日和公休日不闭馆，以延长开放时间，保证开馆的连续性；图书馆网络服务器 24 小时不间断地工作，以保证用户利用图书馆不受时空的限制。

再次就人员来说，图书馆应不分国籍、种族、年龄、地位等，向所有用户开放，无论是学生还是教师，无论是领导还是普通人，都全部开放，以实现“每个读者都有书”。

最后就馆务来说，图书馆在服务的过程中，应注意凡是与读者服务的有关制度、规定、做法及其结果向读者公开，实行透明管理。

五、客观服务原则

考虑到用户接受服务，利用图书馆文献信息资源是用来指导客观实践活动的,因此,图书馆向用户提供的文献信息资源要保持“原创性”,换句话来说就是,图书馆服务要立足文献信息资源的本义,保持提供的深层加工的文献信息资源与原文献信息资源在本质上一致,这就是图书馆的客观服务原则。

客观服务原则要求图书馆坚持实事求是的客观性,所提供服务的产品——文献信息资源所包含的内容要与加工、整合前的原本文献信息资源的内容在本质上相吻合,也就是文献信息资源服务中提供给用户的文献信息资源及文献信息资源产品必须反映客观事物的本质属性。

六、区分服务原则

一般来说,用户在社会生活中为了解决工作、学习、文化生活等方面的问题,势必产生对文献资料多种多样的需求。但由于各人所承担的任务不同,研究的重点不同,学习的内容不同,以及个人兴趣、爱好的不同等因素的影响,因而用户的需求存在着很大的差异性。在这种情况下,为增强图书馆用户服务的有效性,图书馆应根据用户的不同需求特点,采取不同的服务方式,提供不同内容、不同范围、不同层次的文献信息,也就是根据用户不同的需求特点,尽可能提供个性化的服务,这就是区分服务原则。

图书馆区分服务的实质,在于讲究服务艺术,注重服务效果,着眼服务质量,这是搞好读者服务工作的基本原则。从图书馆服务的对象来看,不同职业、不同年龄、不同文化程度、不同兴趣爱好的图书馆用户的需求各有差异。例如,青少年较多为求学型读者,这部分用户大多是想要获得学业上的提升,因而借阅的是文化教育类书籍、专业书、学习辅导书和科普读物等。而走上职场的成年人,由于在社会组织和职业活动中承担着一定的责任和义务,因此对信息、文献资源的需求会受职业活动和其社会生活的影响,借阅的图书大多集中在人文社科、职业素养提升等方面。图书馆只有针对用户不同层次和类型的文献信息需求,有区别地分层次地提供服务才能提高工作效率,提高服务质量,真正满足读者的一切需求。

同时,区分服务的原则是实现图书馆各项社会职能所要求的。总体上讲,图书馆有收藏职能、教育职能、信息职能、文化娱乐职能等。就教育职能而言,又可分为一般教育、专业教育、文化娱乐职能等教育、综合教育等。只有区分服务才能达到应有的教育效果,促进人才的成长。就信息职能而言,为教学、科研、生产服务,“广快精准”地传递文献信息,开展对口跟踪服务、定题服务,实际上就是一种区分服务。就文化娱乐职能而言,从内容到形式，要满足各类型用户千差万别的需要，必须贯彻区分服务的原则。

七、创新服务原则

我们知道，世间的万事万物都在不断变化着，这一变化或许当前看来不甚明显，但随着变化时间的增长，必然由量变变为质变。图书馆也是如此，作为社会文化知识保存、传递的重要平台，图书馆所收藏的文献信息、用户的信息需求、服务技术以及馆员的业务能力和业务水平都是在不断增长、不断变化着的，这种变化必然导致新的图书馆形态和结构的形成，在此过程中，图书馆只有坚持创新服务原则，才能保证图书馆的科学发展。一般来说，图书馆的创新服务主要体现在理念、内容和方式方法上。

首先就理念来说，图书馆要树立创新意识，确立主动化、优质化、品牌化、专业化的服务理念，具体体现在：服务中要主动想方设法贴近用户，处处为用户着想，为他们提供尽可能的方便；讲究“精、快、广、准”的服务质量，满足用户求新、求快、求便捷的心理；通过特色馆藏、特色服务、特色活动、特色环境等突出本馆服务特色，建立图书馆特有的品牌服务；建立一系列严格的业务规范与规则，凸显图书馆服务的专业化。

其次就内容来说，随着知识经济时代的来临，图书馆服务的内容急需拓宽，这就要求图书馆要加大信息服务和“便民服务”的内容。在信息服务方面，主要是加大网上信息导航服务内容。在便民服务方面，加大为社区服务的力度，其内容包括职业介绍、购物指南、技能培训指南、市政服务咨询、家政服务咨询，等等。在文献信息服务方面也要创新，主要是加大参考咨询服务的力度，努力从文献服务向知识服务演进，提高图书馆服务的知识含量。

最后就方法来说，图书馆应改变传统的单一的馆藏文献借阅服务模式，利用现代网络平台，提供多种数据库服务、知识库服务以及各种在线或离线信息服务和主动推送服务、虚拟参考咨询服务、网络呼叫、智能代理服务等，以不断丰富图书馆服务的方法和手段，适应不同用户需求、不同服务情况。

八、特色服务原则

不同的图书馆在性质、任务、服务对象或地域上存在一定的差异，这就使不同的图书馆在信息搜索、图书馆藏、服务方式、经营特点等方面存在不同的差异,呈现出独特的内容或风格,显示出图书馆的特色。图书馆在建设的过程中,也应抓住自己的特色,建立具有特色的服务模式。

特色服务的核心是提高服务工作的针对性,从多层次、多角度满足用户的个性化、特色化的需求。这种模式可以有效吸引用户,提高图书馆社会地位。例如,上海黄浦区图书馆设立了音艺厅,搜集各种音乐资料、音乐唱片,在音艺厅经常举办专题音乐欣赏会,周末音乐演唱、演奏会等,吸引了各阶层的大批音乐爱好者,提高了广大用户的艺术素养,强化了图书馆作为文化中心的功能。同时,特色服务还有助于拓展图书馆服务的实用性,如北京东城区图书馆基于本地区的服装业比较发达,建立了服装资料馆,搜集国内外有关服装方面的各种信息资源,推荐给各服装厂商利用,在很大程度上增强了图书馆的实用性。

在这里需要注意的是,特色服务与区别服务是相辅相成的。特色服务工作中,必须针对用户的不同文化程度、不同的工作性质、不同的年龄和性别,利用不同内容和性质的文献,采用不同的服务方式,有区别地开展工作。特色服务是适应市场经济需要,强化图书馆自我发展的重要途径。

第四节　现代图书馆服务的类型

图书馆是人类文献信息交流发展到一定阶段,为有效地促进文献信息交流而出现的机构,在各级各类全日制学历教育、科学研究、技术培训、技术研发等领域中占有重要地位。同时,图书馆也是为用户提供服务的重要平台,一般来说,其服务类型主要包括以下几种。

一、阅览服务

借阅服务是图书馆文献服务中最主要的工作,它直接体现图书馆的作用,是开发图书馆文献资源最基本的方式。在图书馆可以实现读者与书刊的零距离接触。图书馆之所以吸引读者,在于它的丰富的信息资源、宽敞的空间、舒适的环境和配套齐全的设施。对于读者而言,阅览前要对图书馆的一些基本情况进行大致的了解,书馆的布局,图书的索书号等。

阅览服务在组织读者利用馆藏空间时,阅览室不仅是读者进行学习的重要场所,也是读者查找文献、选择文献的基地。阅览室安静、舒适的阅读环境备受广大读者的青睐。图书馆的阅览室大多为综合性的普通阅览室,一般都配备知识性、科学性、教育性较强的综合性文献,供到馆的各类型读者使用。那么,如何挖掘阅览室的阵地优势,提高阅览的服务质量,是每一位阅览工作者必须重视的课题。

二、外借服务

图书外借服务是图书馆服务中最传统和最基础的业务活动。这是图书馆针对自己的服务对象提供的一种允许读者将馆内藏书和其他类型的文献带出馆外使用的服务。

外借服务工作是图书馆工作的基础,应该力求使其服务内容以及采取的服务方式最大限度地满足读者的需要。按照读者外借文献的需求和馆藏文献的种类以及读者成分的不同,图书馆可以设置功能不同的借书处,用于满足读者的不同需求。同时,读者的需求在随时代变化而改变,当我们面对飞速发展的信息时代的挑战和知识经济的发展需要时,已经不能固守着传统的方法而满足于简单的借借还还了。在外借服务工作中,如何挖掘读者的潜在需求,激发读者的读书、学习欲望,提高学习的兴趣,将读者吸引到图书馆来,是摆在图书馆工作者面前的重要课题。因此探求读者的阅读心理和阅读需求、分析读者类型以及调整馆员的服务心态、改变服务方式以顺应发展,就成为深化图书馆外借服务工作的必然。

三、信息参考咨询服务

信息参考咨询服务是图书馆最为活跃、最富于变化的读者服务方式之一,它为充分开发、利用图书馆信息资源提供了有效途径,是图书馆读者服务工作的重要组成部分。所谓的信息参考咨询,实际上就是图书馆员对读者在利用图书馆过程中遇到的各种问题提供帮助的各种辅导和引导活动。

信息参考咨询是读者服务工作的深化和拓展,在实践过程中,传统参考咨询服务的信息资源主要是各种印刷型馆藏文献,包括一些书目、索引、文摘和工具书等。在现代图书馆,信息参考咨询服务的信息资源载体形式和内容都呈现出多元化的特征,除了传统的纸质文献以外,还出现了大量的电子出版物和数字信息资源,这不但给传统的馆藏文献结构和图书馆管理模式带来了革命性的变化,而且给读者利用图书馆带来了越来越多的问题,读者越来越需要图书馆参考咨询员提供各种各样的帮助。同时,图书馆管理的重心开始从重视二线的文献资源的组织和管理转向重视一线的读者服务工作,参考咨询服务的水平更成为衡量现代图书馆整体服务水平的重要标志。

从图书馆提供信息参考咨询的手段来看,现代图书馆的物质基础已经发生变化,与传统的参考咨询相比,现代数字信息资源有更为强大的检索功能,检索的深度、广度、角度可随用户需求的不同而改变,还允许为特定目的,对文本进行抽取、排序、重新组合,从而产生新的信息产品。传统参考咨询工作的信息来源主要是本馆的馆藏,而现代参考咨询工作的信息来源更为广泛,因此图书馆提供信息参考咨询的手段更加先进。在网络环境下,图书馆工作人员需要利用FAQ、电子邮件、BBS、实时聊天软件、网络呼叫中心和手机等虚拟化信息手段,以更加先进的服务方式进行一对一、一对多和多对多的交互式信息交流,为用户提供信息咨询服务。

同时,由于现代图书馆采用了先进的计算机技术、网络技术、通信技术,凭借互联网,可以直接回答来自任何地区、地域的咨询要求,而不像以往的参考咨询服务被局限在一定时间和空间范围内,因此,现代图书馆的信息咨询服务可以实现全天候服务。基于有线互联网和高速无线互联网的现代图书馆信息参考咨询服务平台能做到24小时 ×365天的全天候运行,信息传递具有不受时间和空间限制的实时性、连续性等特点。读者在任何时间、任何地点都可享受无障碍的服务,从而改变了读者必须到馆或必须有计算机及网络才能进行信息咨询的限制,使服务无时不在。

四、文献复制服务

文献复制服务是图书馆利用静电复印、缩微摄影和数字化技术等,按照原件制作复制件向读者提供文献复制件的服务工作。这是图书馆的主要服务方式之一。这项服务的需求量越来越大,很受读者欢迎。

文献复制方法是图书馆补充缺藏文献的重要途径。我们知道,图书馆不可能收藏所有的出版物,任何一个图书馆都会存在文献“缺藏”现象。在文献采购时,对有些重点文献以及丛书、多卷书、期刊等连续出版物难免有“缺漏”卷、期情况,而且这些“缺藏”的文献又不可能重新出版;对有些珍贵文献,如善本书、孤本书、手稿特藏及外文原版书刊等,是很难收集到的,多数是无法收集到的。这时,图书馆就可以通过文献复制补充“缺藏”。同时,读者在阅读文献时,有的需要阅读整本书刊,而更多的则需要在大量书刊文献中摘取片段章节数据、图表、部分论述等。仅仅靠传统的文献外借服务方法,是不可能解决的。因为,外借服务只能为读者解决流通使用问题,借阅到期后需要将所借的图书归还。读者也不可能在任何时候都很方便自由地到馆内来利用大量资料,这时文献复制就为他们提供了帮助，通过这种方式，读者可以从大量书刊中复印出读者需要的片段文献资料，既方便了读者，又提高了书刊的利用率。

一般来说，文献复制的方法很多，常见的有缩微复制法、一般照相复制法、直接照相复制法、银盐扩散转印法、重氮复印法、热敏复印法、蓝图法、电子扫描复印法、静电复印法等。目前缩微复制法和静电复印法应用最为广泛。文献复制是图书情报机构高密度存贮书刊、手稿、补充馆藏，保护珍贵文献的重要技术手段；也是快速传递情报，及时满足读者文献需求的有效服务途径。目前电子计算机技术、全息照相技术等已逐步应用于文献复制领域，为迅速、经济地获取文献复制品提供越来越多的先进设备和手段。

五、文献检索服务

图书馆为用户提供文献检索服务如图 2-1 所示。

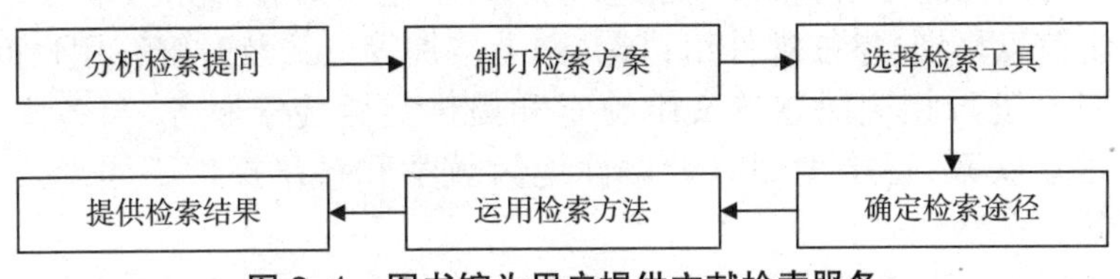

图 2-1　图书馆为用户提供文献检索服务

其中，分析检索提问，是研究读者的检索目的、检索内容、检索范围和检索途径，以此制定相应的解释方式。制订检索方案，包括选择检索工具，运用何种检索方法和采用何种检索途径等。选择检索工具，是以全面、系统、就近、实用为原则，尽量利用本馆所藏的检索光盘数据库和检索工具书，缺藏的光盘和工具书可通过馆际互借或其他途径予以解决。确定检索途径，分为题名途径、责任者途径、分类途径、主题途径和其他途径（包括时序途径、地序途径和号码途径等）。运用检索方法，内容主要有顺查法、逆查法、分段法和扩展法等。提供检索结果，结果可能是原始文献或是文献线索，可根据读者需求提供，如不符合要求可采用其他的检索方法直至得出符合课题要求的检索结果。

六、学科知识支撑服务

为读者服务是图书馆的天职，图书馆的职能和社会价值，图书馆的知识性、学术性、教育性等都是通过服务性体现的，这一点在其学科知识服务上表现得尤为明显。丰富的馆藏文献资源是图书馆学科服务的物质基础,馆藏文献资源特色越突出就越能体现图书馆的利用价值,体现出学科服务的效力。也正因为如此,图书馆可以充分利用丰富的馆藏学科专业文献资源优势,开展务实的学科服务。

对于图书馆来说,一方面,它丰富的馆藏资源能够集中力量开展重点学科的信息资源建设,另一方面它又可以通过提供前台服务,如专门的专业搜索引擎、学科论坛、专业研究和会议动态、专题文献报道等及时与学科专家进行沟通,积极为学科知识的发展提供支持。一般来说,图书馆的学科知识服务主要包括以下几个方面的内容。

(1)学科馆员在工作中经常与相关学科用户接触交流,对该学科发展前沿有一定认识,了解用户对该学科文献的选择,能提出更符合学科发展的决策意见。因此,学科馆员——用户协同参与图书馆学科文献建设工作。

(2)学科馆员深入了解相关用户的科研情况和学术发展动态,为相关用户提供咨询与培训服务,通过带领参观、电话沟通、提供书面资料、现场专业信息培训、参加邮件组讨论、网上培训等方式及时解答用户问题,协助用户进行相关课题的文献检索和提供定题检索服务,与各学术带头人建立联系,逐步做到有针对性地为教学和科研提供不同形式的咨询服务。

(3)网络信息资源的组织管理无统一的标准和规范,缺少质量控制和管理机制,数据重复严重,也会形成信息污染,这给用户利用信息资源带来障碍。利用学科馆员的信息搜索、信息组织与信息分析等能力和图书馆的信息存储能力、网络服务能力,建立面向学科和面向用户实际需求的学科导航,将不仅仅为用户也为图书馆工作人员快速定位所需信息资源提供极大便利。

实践表明,图书馆尤其是高校图书馆,应当积极主动地参与重点学科建设,这既是促进其自身建设发展的需要,也是办出特色、创建品牌形象的需要。图书馆如果积极参与重点学科建设,其自身的定位就得到了保证。通常来说,重点学科的建设一般都有多级专项经费作保障。因此,如何确立重点学科藏书范围,建立重点学科数据库和知识导航系统等将成为许多图书馆的一项重要任务。

七、宣传辅导服务

为了充分发挥馆藏文献的作用,扩大图书馆的社会影响,提高服务质量,图书馆在做好文献流通推广工作的同时,还应做好宣传辅导工作。图书馆常见的宣传辅导服务主要有阅读推广、图书馆讲座、用户教育等，这些服务大多以向用户推荐优秀的书刊，辅导用户正确地理解图书的内容，帮助用户从优秀的书刊中汲取有益的营养为目的，是现代图书馆履行知识服务与信息推广职能的体现。

（一）阅读推广

阅读推广，就是为了推动人人阅读，以提高人类文化素质、提升各民族软实力、加快各国富强和民族振兴的进程为战略目标，而由各国的机构和个人开展的旨在培养民众的阅读兴趣、阅读习惯，提高民众的阅读质量、阅读能力、阅读效果的活动。在阅读推广的大潮中，图书馆因为是体系成熟、布点广泛、资源富集、专业化程度高的文化基础设施，所以自然而然地成为阅读推广的一支核心力量。

图书馆在阅读推广中承担的角色是立体的、多元的，首先它是资源提供者和推荐者，向用户提供和推荐阅读资源。其次它是阅读活动举办者，举办各种各样的阅读活动。再次它是资源组织者，是资源组织的平台，需要将各种资源组织到图书馆这个平台中来，从而更好地进行阅读推广。最后它是指导者，作为专业的阅读推广机构，图书馆应该承担起指导者的角色。比如某省或某地区的图书馆在阅读推广方面具备比较多的经验，需要及时将这些经验进行总结，制定出可操作性强的阅读推广指南，这样，其他机构如学校、工会、公司等就可以参考该指南举行符合本机构特点的阅读活动。

从其推广过程来看，阅读推广是在图书馆与读者之间建立的双向互动的交流渠道（图 2-2）。图书馆利用推广设施和推广媒介，借助具体的推广活动，把阅读对象推荐给读者；读者则将自己对读物的接受状态及接受效果，反馈给图书馆；图书馆根据读者的反馈，对阅读推广活动进行有效调节，继而开始新一轮更高层次的阅读推广活动。在这样周而复始的循环推广活动中，图书馆的工作得到丰富和提高，读者的阅读兴趣和阅读量不断提升，实现了图书馆和读者共赢发展的良好局面。

（二）图书馆讲座

图书馆是人类知识的宝库，也是人类文明与进步的缩影。面对浩如烟海的知识，在有效传播人类文化科技成果方面，图书馆发挥着重要作用。知识信息高速发展的今天，图书馆讲座以其公益性、实用性、科学性、普遍性，越来越受到广大人民群众的喜爱。

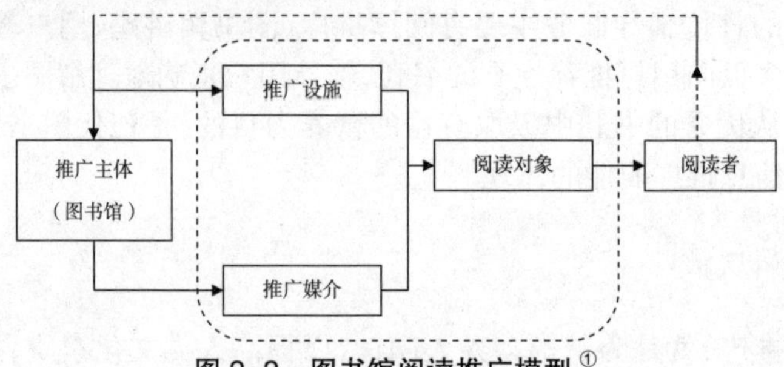

图 2-2 图书馆阅读推广模型[①]

图书馆讲座受欢迎主要是因为，图书馆举办讲座，都会聘请某一领域的专家或权威人士，一般都是知名学者。例如，上海图书馆举办的“新世纪论坛”，曾先后聘请了金庸、余秋雨、陈逸飞、吴敬琏、王安忆、莫言等著名学者、艺术家、文学家。这些都体现了讲座的权威性。许多读者抱着求知的欲望和一睹名人丰采的希冀，渴望当面聆听名人的名言，或与名人当面进行思想的交流。于是经常出现讲座一票难求的状况。一般来说，常见的图书馆讲座有以下形式。

（1）专题讲座。图书馆开展提高读者信息素质的日常讲座，内容主要包括数据库使用、检索技巧、常用软件介绍等。相关讲座安排将在图书馆主页、图书馆微博等渠道发布。各学院、各学部、实验室、研究团队均可向图书馆预约专题讲座。

（2）数据库专题讲座。数据库提供商不定期举办数据库专题讲座，读者可通过图书馆主页公告通知查询讲座时间与地点。

（三）用户教育

我国图书馆界有一个深入人心的认识，就是图书馆承担用户教育的职能。用户教育是指图书情报部门对图书情报系统的潜在用户和现实用户施行情报意识和情报技能的教育，即教育用户利用图书馆，使他们从图书馆保存的文献资料中获得最大收益，其内容是使用户熟悉各种技巧和方法，从而引导他们获得印刷型文献或电子型文献中蕴藏的知识财富。

随着信息技术日新月异的发展，用户教育在图书馆工作中所占的位置愈来愈重要。图书馆不仅要添置先进的设备，建立网络系统，购买数据库，更要帮助用户从不同的数据资源和分散的信息源中有效地获取信息，培养他们的信息获取能力，这是全世界的图书馆面临的一个重要课题。

① 程大立．全媒体环境下图书馆阅读推广工作研究[M]．合肥：安徽教育出版社，2013：10.

为了做好用户教育工作，使用户教育取得良好的效果，在开展用户教育时应紧紧围绕图书馆用户教育的目标来确定图书馆用户教育的内容。凡有利于图书馆用户教育目标实现的内容都可考虑选用，但最终是否选用还需结合图书馆的具体情况予以考虑。同时，图书馆等文献信息部门进行读者教育的对象是具体的读者和用户，而用户的内在差异是错综复杂的。年龄、性别、文化教育水平、职业、工作经验等个人因素的差异，影响着读者对文献信息的利用能力和利用效果。因此，在具体开展用户教育活动时，除了考虑当前的经济条件和图书馆信息部门的承受能力外，还应根据读者的个人素质，对读者进行必要的分类，并按不同类型用户的基本需求确定教育内容、组织教育活动，力求有的放矢，取得较好的教育效果。

第三章 现代图书馆读者服务及其转型

服务是图书馆的永恒主题,在任何情况下图书馆都应不动摇、不偏离、不取代图书馆服务,把服务作为图书馆一切工作的出发点和归宿,把服务作为贯穿图书馆一切工作的主线。然而坚持图书馆的服务主题,并不是说要为读者提供一成不变的服务,而是要根据时代的发展、用户的需求不断更新服务模式、服务内容,为用户提供高质量的服务。进入网络时代以后,随着信息技术的迅速发展和全面渗透,图书馆工作人员也应紧抓时代发展的脉络,积极配合社会的发展进行图书馆服务转型,以便使图书馆能始终适应用户的需求和社会发展的形势。

第一节 现代图书馆服务的理念

俗话说:“观念决定行动,思路决定出路。”一个理念的定位差异,将会产生截然不同的结果。随着信息技术的飞速发展,图书馆所面临的信息环境和社会功能正在急剧地发生变化。作为一种信息服务机构,图书馆的作用正随着用户信息渠道的多元化和丰富化发展而被逐渐削弱,图书馆已经不再是传统信息环境下用户的主要信息源。在这种情况下,图书馆的服务理念也在不断演变和衍生。

一、服务理念的概念解析

理念是一个来自西方的词汇,起源于希腊文“philia(爱)”和“sophia(智慧)”,故理念含有“爱智慧”之意,这种“智慧”是人类对真理的完全认知与透彻的理解,并将之内化为一体,表现在日常的一举一动之中。

服务理念是人类众多理念的一种,是人们在从事服务活动的过程中形成的主导思想,反映了人类对服务活动的深层次认识,是企业实施和贯彻的以顾客为导向的服务主张、服务思想和服务意识。服务理念是服务活动的指导思想，是企业使命和宗旨的具体体现，也是企业服务的责任和目标。

服务理念一般包括服务宗旨、精神、使命、原则、目标、方针政策等。这些服务理念的内容是企业实践活动中形成的指导思想，在服务中具有积极的作用。

二、图书馆服务理念

一个图书馆的服务理念是这个图书馆对于服务工作的理性认识、理想追求及其所形成的观念体系，它是图书馆人的经验特别是其成功经验的高度概括和系统化，是指图书馆围绕读者服务工作的基本方针，是个图书馆的办馆宗旨、原则、目标，是图书馆的服务方式、服务内容、服务态度等的体现。图书馆服务理念是图书馆一切服务工作的指导思想、理论基础、前进方向和行动准则，它指导着整个图书馆的服务活动，指导着图书馆人去做与之相符的事情，决定图书馆服务工作的开展方式并影响图书馆提供服务的结果。它是图书馆观点和图书馆经验的浓缩和代表，也是图书馆服务形象的关键所在。

先进的图书馆服务理念能有效地推进图书馆改革与发展。图书馆作为服务社会的信息机构，如果没有正确的、先进的服务理念，就好比没有正确的行动指南，就不能担当起应有的社会责任，履行应有的社会职能。之所以这样说，是因为，一方面，图书馆服务理念主要是用来指导服务行为的，它对内外公开，让用户对图书馆有更多的认识和了解，它不但能引导用户对服务人员的服务行为进行监督，而且还能统一服务人员的服务思想和行为，以此来规范服务人员的服务态度，进而不断促进图书馆服务的发展。另一方面，在网络时代环境下，图书馆早已失去了信息垄断地位，20 世纪甚至出现了“图书馆消亡”论，在新形势下如何实现可持续发展，如何增强其核心竞争力就显得尤为重要和迫切。服务理念影响和决定着图书馆人的思想高度，指导图书馆制定发展规划和战略目标，而发展规划和战略目标往往决定着图书馆的核心竞争力。

由于图书馆社会职能的演进，图书馆的服务经历了从封闭到开放，从借阅到参考服务，从信息服务到知识服务，从无偿服务到有偿服务，从按时服务到及时服务，从馆内服务到馆外服务，从在线服务到全球服务的发展过程。从其发展上来看，在过去，图书馆的服务理念主要有以下几种。

（1）“三适当”准则，这一理念由美国著名图书馆学家杜威在 1876 年提出，是说图书馆要在适当的时间，给适当的读者，提供适当的服务。

在杜威之后，印度图书馆学家阮冈纳赞在其著作《图书馆五原则》中对“三适当”原则又做了创新和发展，提出了“书是为了用的、每个读者有其书、每本书有读者、节省读者的时间，图书馆是一个生长着的有机体”五项原则，为图书馆理念的确立奠定思想基础。

（2）“小而全”“大而全”“备而不用”“万事不求人”的封闭式服务理念，即每个图书馆都试图建立自己的比较完善的服务体系，争取不依靠外界支持，自己能够为用户提供完备的服务，从而形成一个自我封闭的内向型服务体系。

（3）公益服务理念，在中华人民共和国成立初期，我国的图书馆大多是国家建立的，是完全公益性的，这就使得为公众服务的公益性成为图书馆服务的一大理念。但这一理念同时也带来了一个问题，即图书馆经费由国家提供，图书馆服务讲求公益性，从而造成了传统图书馆人浮于事、效率低下的问题，我们应当清楚图书馆的公益服务并不意味着国家对图书馆的发展要无限制地投入，不意味着图书馆的经营不讲求成本效益，图书馆也应不断提升自身价值。

（4）传统图书馆的服务一般是等读者上门，所有的服务基本是以图书馆为中心，可谓是围绕图书馆馆舍展开的。这是在一定发展阶段，科技水平、社会意识和传统习惯多种因素共同作用的结果，即将藏书、馆藏信息作为图书馆的主体并成为读者服务的唯一物质基础。由于机制、经费、人员、设备的限制，服务工作有许多局限性，同时也束缚了服务人员的思想，缺乏主动服务的精神，图书馆为读者提供的是“等上门，守摊式”的服务。

（5）传统的图书馆面向比较固定的读者群，主要对到馆的读者服务，图书馆以不变应万变，提供固定的一套服务模式，应对不同用户的不同需求。无论你是院士，还是大学新生，都接受同样的服务内容和服务方式。完全是一种卖方市场，由图书馆主宰用户的需求，用户的需求必须适应图书馆所提供的服务。

三、网络时代图书馆的服务理念

随着时代的发展，图书馆界一致认为“服务是图书馆的基本宗旨，是贯穿图书馆发展的主线，是图书馆的核心价值观”。在网络社会，图书馆正日益面临着文化传播载体和传播方式的变革所带来的挑战和冲击，经受着日益严峻的竞争。要想赢得竞争优势，提高服务水平和质量，图书馆人员必须转变服务理念，具体来看，网络时代图书馆人员应树立以下服务理念。

（一）用户至上，服务第一

图书馆的社会价值是从满足用户需求中体现出来的。一个图书馆办的好不好，其办馆效益、社会价值如何，主要以用户对图书馆的认识去衡量，要看他们对利用图书馆的希望程度，对服务项目和服务标准的信誉程度，对服务人员素质和服务水平的满意程度，对服务效果的认可程度。因此在网络时代，在图书馆服务中，不管何时何地，都要“用户至上，服务第一”，要把“为一切用户服务”“一切为了用户”“满足用户的一切合理需求”作为图书馆服务工作的出发点和归宿。

为充分体现这一指导思想，图书馆采取成立读者工作委员会实施对图书馆工作的具体指导；定期向读者汇报工作，出版图书馆工作年报，如实反映取得的成绩和存在的问题，接受全社会监督；推行义工制，邀请读者积极分子义务协助图书馆工作等。同时，还应该体现在尊重读者的阅读自由，不对读者设置不符合政策、不符合人权的障碍；不能愚弄读者，不能为了显示图书馆的“业绩”或某领导人的“政绩”。

（二）竞争服务，协作服务

图书馆作为人类知识和信息的传播和服务机构，在网络信息资源的巨大冲击下，面临着重大的挑战和竞争。我们知道，随着现代通信技术、信息技术的快速发展和全面普及，越来越多的人开始倾向于通过互联网来获得相关资讯，同时网络技术也在全面改变人们的阅读方式，更多人（尤其是年轻人）更乐于阅读各类电子书，在这种情况下，人们对信息需求的第一获取途径再也不是图书馆。另外，各类书店及读书组织所提供的购书和阅读环境得到了前所未有的改变，纷纷采取了多种方式为人们提供人性、方便、灵活的服务，深受读者欢迎，更加广泛地吸引了广大读者。面对挑战和竞争，图书馆应该充分利用自身的资源优势，在服务工作中转变观念，变被动为主动，强化竞争意识，进一步做好信息的开发、搜集、检索、分析、组织、存取、传递等工作，在网络建设上，加快网络化和数字化建设步伐，提高员工的素质和业务水平，提高服务质量，确保图书馆在竞争中立于不败之地。

进入网络时代以后，知识传播和挖掘的速度也有了很大提升，现代社会每时每刻都会产生大量的知识与信息，图书馆要想完全搜集、掌握所有的知识和信息显然是不可能的，这就要求图书馆界要树立协作意识，只有通过各服务机构的相互协作，才能促进资源共享，使不同服务机构间的资源优势互补，降低资源采购和运营成本，提升协作服务机构内的相关技术水平和服务人员的综合素质，节约大量的人力物力，以此提高协作服务机构的整体效益；只有通过协作，其服务形式才能更加灵活多样，更加丰富多彩，才能提高各服务机构的服务水平。

（三）用户参与，资源共建

长久以来，图书馆业一直关心的一个问题就是，我们能向用户提供什么，这导致了图书馆所构建的丰富的软硬件资源以及所提供的各种类型的服务被用户冷漠对待。进入网络时代以后，随着 Web 2.0 时代所强调的用户主导、用户参与、用户分享、用户创造理念的广泛传播，图书馆也应转变思想观念，树立用户参与思想，将用户参与和互动作为图书馆资源建设与服务的前提依据。也就是说，通过应用 Web 2.0 和泛在智能的相关技术（如 My Space、Facebook、Wiki 及目前备受关注的豆瓣网等技术构建图书馆用户的交流社群，使分散在不同应用系统间的个人知识产出不断沉淀，为图书馆积累丰富的资源）让用户付出时间和精力来真正参与图书馆的资源建设，从而让用户开始重视这份投入、开始在乎这份关系，并乐于分享其建设成果。在引导用户参与图书馆资源建设的同时，图书馆还应加强与相关单位的合作，如加强与出版社和数据库商以及电信部门和网络服务商的跨界合作，达到资源、设备的充分共享，从而满足用户在泛在知识环境下的信息需求。

第二节　图书馆服务的对象及其需求

用户是图书馆服务的对象，也是图书馆生存发展的决定因素，用户服务工作是图书馆全部工作的出发点与归宿，因此要做好图书馆工作，就必须分析用户的需求、类型及其变化的趋势，提供有针对性的服务，即一种建立在用户满意基础之上的以用户为中心的服务。

一、图书馆服务的对象

传统图书馆主要收藏以纸张为载体的信息，它的服务模式也必然围绕着纸张文献和图书馆馆舍展开。当时的图书馆服务主要是为各类读者提供图书借阅、信息咨询与参考等相对单一的服务，因此在传统的图书馆模式下，读者就是其服务对象。但现代图书馆已不再是一个仅仅满足人们阅读需要的场所。图书馆及图书馆服务的概念正在发生深刻的变化。现代图书馆由于互联网和数字图书馆技术的发展，正从传统的实体图书馆向实体图书馆与虚拟图书馆相结合的复合图书馆方向发展。图书馆除了向人们提供借阅机会以外，也十分重视满足人们的信息需求、文化需求和休闲需求。因此读者已不能涵盖图书馆服务对象的全部范畴，因此这里以用户称之。

（一）图书馆用户的类型

图书馆用户的类型多样，根据不同的分类标准可将其分为不同的类型。

1. 根据用户的职业特征分类

根据用户的职业特征，可将其分为工人、农民、市民、军人、教师、学生、干部、科研人员和离退休人员等类型。

2. 根据用户所从事工作的学科范围分类

根据用户所从事工作的学科范围，可将其分社会科学用户、自然科学用户以及一些综合性、边缘性学科的用户。

3. 根据用户运用图书馆资源的目的分类

根据用户运用图书馆资源的目的，可将其分为文献信息用户和非文献信息用户，文献信息用户可划分为研究型用户、学习型用户、释疑型用户和消遣型用户等。

4. 根据用户与图书馆的关系分类

根据用户与图书馆的关系，可将图书馆用户分为正式用户、临时用户和潜在用户。正式用户是在图书馆正式登记立户的注册用户，领有借阅证件，享有固定利用图书馆资源的权利。潜在用户是指具有阅读能力和文献信息需求，但没有与图书馆建立服务关系的人。临时用户指的是未同图书馆建立正式服务关系，凭身份证或其他有效证件偶尔利用图书馆资源和服务的服务对象。

5. 根据用户利用图书馆资源的方式分类

根据用户利用图书馆资源的方式，可将图书馆用户分为个人用户、集体用户和单位用户。个人用户是以自然人为单位，独立地利用图书馆的文献信息资源从事阅读或其他活动的服务对象。 集体用户是指以固定的机构、团体为单位或由若干人自愿组合成一个小组来利用图书馆资源的用户。他们具有共同的服务需求和利用方式，或在同一单位，或从事同一职业、同一工作，在一定期限内，集体借阅一定范围、一定数量的文献或利用图书馆的其他资源。单位用户是指以固定的机构利用图书馆的用户。该机构所属的部门和个人，在一定的规则下，可以此机构的名义与图书馆建立借阅关系或资源共享关系。

（二）网络时代图书馆用户的特点

在网络时代，随着信息资源的开发和利用，图书馆在资源结构、服务形式以及服务内容等方面发生了很大变化，这些变化也在一定程度上带动了现代图书馆用户的变化，使现代图书馆用户呈现以下特点。

1. 用户范围广泛

传统图书馆的服务相对固定，一般局限于本地区、本系统或本单位的相对稳定的用户群。网络环境下，由于网络本身所具有的广域性特征，用户可以不到图书馆，只要遵守一定的协议，拥有一台电脑终端，便可在办公室或家庭的网络计算机上查询信息资源，完全打破了传统图书馆时代信息利用的时空限制。

2. 用户数量增长快

进入网络时代以后，随着人们信息意识的不断增强，对信息资源的重视日益加深。这就使得不少图书馆用户逐渐把获取的大量信息和知识当成享之不尽的资源和效益，信息和知识的需求成为用户个人学习、生活和工作中不可或缺的部分，图书馆作为人们信息资源获取的重要渠道，虽然在一定程度上受到网络的冲击，但网络也将越来越多的用户与图书馆相连，越来越多的用户开始通过网络享受图书馆提供的各类服务，从而大大增加了图书馆用户的数量。

3. 用户的信息需求多样

传统图书馆时代，用户利用图书馆的主要目的是查找文献、进行科研或学习。而在网络环境下，用户上网搜集信息的目的是多元的。有的图书馆用户是想收集专业信息资源进行科研和学习；有的是为加强可信度、信心、稳固性和身份地位，出于个人整合的需要；有的是获得信息、知识和理解的知识需要；有的则是出于了解信息资源，查询特定事实数据，甚至交际的需要。总之，由于用户个体知识结构差异及查找目的的不同，其利用网络信息的类型也各不相同，呈现出多样性和复杂性。

4. 用户水平不一

在传统图书馆时代，用户要想享受图书馆服务，首先要识字，才能通过图书馆中的各项文献资源获得相应信息。因此用户一般是文化水平较高的人。网络环境下的信息载体多元化，多媒体信息直观形象、生动有趣，所传递的信息也通俗易懂，文字阅读能力较低者也能轻松利用。由于信息意识和知识结构的不同，用户之间的信息素养和技能相差较大，导致用户层次参差不齐。

二、图书馆用户的需求分析

用户及其需要是图书馆产生和发展的原动力，没有用户，图书馆就失去了存在的价值和意义。随着网络环境的发展，科技信息开放获取的推进，就读者而言，读书或查寻资料可以通过多种途径来进行，图书馆只是其中的一种可供选择的信息源之一。图书馆工作人员与用户之间的面对面式的直接服务方式将逐渐减少，用户自身利用网络乃至图书馆的设备进行自我服务的比重将增加，这给图书馆服务带来了巨大挑战。为了能够更好地生存并发展下去，图书馆必须对用户的需求进行分析，以便结合用户需求为其提供对应服务。

一般来说，不同类型的用户对图书馆的需求不同，如教师用户的信息需求相对来说目的比较明确，一般查阅教学参考资料和与研究课题相关的文献资料以及各种参考工具书，大多主题明确，范围比较确定，往往自己查找所需资料，强调信息的准确性和可靠性。管理人员要求提供方案咨询服务，即对所查到的信息进行二次加工或提供综述述评等浓缩的三次文献信息，他们对信息的需求呈现时效性、完整性和连续性的特点，强调信息的时效性。图书馆服务人员应根据用户的类型为其提供适应的服务。

此外，进入网络时代以后，随着知识经济的发展，文献资料的大量增加，科学技术的迅猛发展，大量知识信息渗透到社会生活的方方面面。各种信息之间的知识内容互相交叉，各个学科内容之间高度综合化和专门化，新的交叉学科、边缘学科大量涌现，使用户文献信息需求的内容呈现向微观化方向发展的趋势。用户不仅仅需要概括性、叙述性的文献信息，而且更加需要大量详尽的、专指性很强的文献信息，不断增加着专指性比较强的文献信息的需要。

再加上移动互联网的快速发展，图书馆用户对传统文献与声像文献、电子文献的需求并重，呈现出综合化趋势；信息需求向电子化、数字化、网络化信息资源的方向发展；信息需求呈现出全方位、社会化趋势，不仅需要科学技术研究所需要的信息，而且需要有关社会和生活方面的各种信息。在这种情况下，用户对信息的相关性、可靠性和准确性有了更高的要求。与此同时，用户希望能够快速、高效地获取信息，能够随时随地进行一站式检索，并获得相关主题的论文、照片、音频和视频等信息。用户信息需求的高效化主要表现在：首先，用户对满足工作、学习的信息需求较高，要求提供的信息具有准确性和可靠性；其次，用户要求获取的信息方便、快捷，能够减少用户的查询成本；再次，用户要求提供的信息直观、简洁，节省用户的阅读时间。移动信息组织与传递方式的变化，进一步激发了用户对信息高效化的需求。移动图书馆的出现满足了人们的这种需求，但由于受到手机等移动终端设备的限制，移动互联网用户在时间上、获取信息和体验等方面具有碎片化的特征，因此移动图书馆的用户需求也呈现一定碎片化特征。移动图书馆用户的使用行为一般穿插在日常工作和生活中，通常在急需时或等候时会使用，并且每次使用的时间较短，在时间上呈碎片化。同时，移动图书馆用户关注和获取的信息也呈碎片化特征，并且移动阅读层次通常较浅，缺乏深入性，这就要求移动图书馆能为用户提供内容适当、简洁精准的信息服务。

第三节　现代图书馆服务的转型

进入网络时代以后，随着信息技术的高速发展和普遍应用，人类的交流方式发生了很大变化，这也给图书馆带来了挑战。为适应网络环境的需要，从传统走向现代化，图书馆必须进行服务转型。

一、图书馆服务转型的必然性

当今的中国正处于转型时期，从农业社会向工业社会转变，从封闭半封闭社会向开放社会转变，从单一性社会向多样化社会转变，从伦理型社会向法理型社会转变。此外，在世界信息化浪潮的影响下，我国又提前进入了信息化社会。图书馆作为文化事业的组成部分属于上层建筑，以经济为基础，其变化、发展直接受经济条件的影响、制约。

从内在因素上来说，进入网络时代以后，图书馆的文献、读者、馆员技术手段、建筑设备等要素均发生了变化，如文献载体形式由单一的印刷型向光电型、缩微型的方向发展，磁盘、光盘、海量存储器在图书馆的大量使用，电子计算机存储功能和传递功能在文献利用中的进一步发挥，这些变化也要求图书馆服务随之发生变化，以适应图书馆发展的需求。

从外在因素上来说，一方面，计算机出现以后，人类的信息载体和信息记录方式又有重大的变革，逐渐演变出电子型文献，随着电子技术的迅猛发展，一切文字、图像、声音都可以很方便地转换为计算机可以识别的二进制数字，从而以数字化的形态保存和传递。在这种情况下，若图书馆还是坚持传统的纸质图书文献搜集、整理与保存，必然无法适应资源信息化存储、传递的形势，也无法满足图书馆用户对信息资源快捷利用的心理需求，再加上网络时代信息呈爆发式膨胀，传统的纸质文献整理与传递必然赶不上知识更新的速度，在这种情况下，图书馆必须进行服务转型。

另一方面，网络时代是个创新的世纪，各个行业都在搞创新，如传统学校教育到网络远程教育的延伸，商场封闭式销售到开架式自由选购，再到网络采购等，创新所带来的变化随处可见。如今的社会是以信息文化和公共资源为主要生存轴心的。在数字图书馆时代，任何一个图书馆都可以进行超馆藏超地域的服务，任何一个读者也都可以通过计算机利用图书馆。图书馆馆藏的多少和馆舍的大小已不再是形成竞争的优势，只有出色的服务才是图书馆的区别所在。出色服务的提供要靠图书馆的不断创新，只有在不断创新中才能有特色，为此，图书馆也必须进行服务转型。

二、图书馆服务转型的基本走向

网络技术的发展给图书馆服务带来了全新的技术环境和人文社会环境，再加上网络技术的全面普及，图书馆服务转型成为必然。从当前的形势来看，图书馆的服务转型主要有以下走向。

（一）服务对象由服务到馆读者向服务社会转变

在传统图书馆时代，图书馆工作人员的服务对象主要是到馆读者，即前来图书馆进行图书借阅、信息咨询的读者。进入网络时代以后，图书馆网络化、资源的数字化的发展，大大消除了读者与图书馆之间的地理障碍，图书馆的服务范围不再受到时空的限制，通过网络它可以为整个社会服务，也就是说除了围绕“本馆”读者组织和进行读者服务工作以外，现代图书馆的服务对象不断拓展，不再仅仅局限于持有本馆借阅证的读者这样狭小的范围，而是大大突破了时间、空间的限制，延展到全国乃至全球。具体来看，网络时代的图书馆不仅可以服务到馆读者，也可以服务于高校，还可以向企事业单位开放，服务地方政治、经济、社会、科技、文化等事业的发展。

（二）服务方式由"传统手工操作方法"向"综合文献技术应用"转变

在实践中我们可以看到，传统的图书馆服务方式绝大多数属于事务性工作，如图书的借阅与归还、取书归架、采购相关图书等，其手段是以落后的手工操作方法维系对外的各项服务活动，服务水平、服务时效滞后，这种做法除了观念、时代需求等因素外，根本原因还在于传统纸质文献的易损、稀缺和共享性差等特点，导致人们怕文献被弄丢、被损坏、文献不够用等，因此将文献的收藏放在了中心地位。进入网络时代以后，随着计算机技术、数字化技术、数据库技术、云计算等的快速发展，图书馆的服务方式也有了很大的变化，图书馆服务的手段也将逐步摆脱传统图书馆馆以手工操作为主的事务性服务方式，向依靠综合文献信息技术应用转变。换句话来说，在网络时代，应用各类信息技术为用户提供适宜的服务是现代图书馆必然的选择。例如，不少图书馆设计了自助中心平台，完成服务，其服务方式就十分多样（图 3–1）。

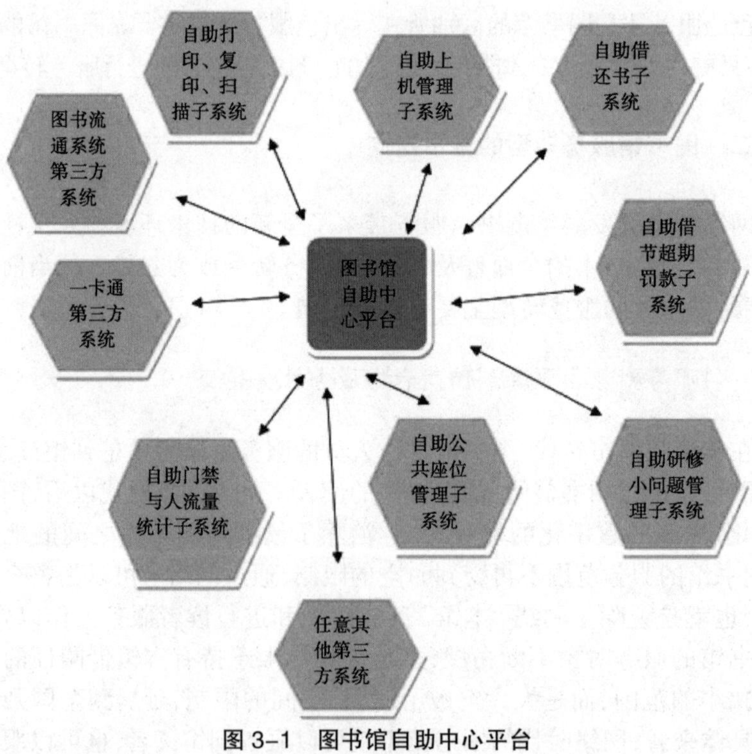

图 3–1　图书馆自助中心平台

（三）服务内容由信息服务向知识服务转变

传统图书馆的读者服务工作主要围绕印刷型文献资源和部分非书资料的开发利用来组织和展开。随着大量商业化学术资源数据库的出现、电子出版物的出版和传统馆藏的数字化转换，数字化信息资源成为现代图书馆文献信息资源的主体，知识也成为最重要的生产力要素，知识的生产和创新成为经济发展、社会进步的重要保障。当今社会已进入知识经济社会，图书馆传统的信息服务早已不能满足人们日益增长的对知识的需求。在这种情况下，为了满足用户的需求，图书馆的服务内容逐渐从帮助用户获取文献信息、激活文献信息内容、实现资源共享的信息服务向从各种显性和隐性的知识资源中，针对用户在获取知识、吸取知识、利用知识、创新知识的过程中的需求，对相关信息知识进行搜集、分析、提炼、整理等，为其提供所需知识的知识服务转型。

（四）服务理念由“书本位”向“人本位”转变

在传统图书馆时代，工作人员虽然是为读者服务，但其服务理念一般表现为以书本为主，即以图书的收藏和保存为中心，图书馆的服务一切围绕图书馆开展工作，强调书静态的信息[①]。进入网络时代以后，科学技术日新月异，信息服务全球化已经成为必然趋势，图书馆作为信息服务业的一个重要组成部分，将会在社会文献信息服务中发挥不可替代的作用，并成为我国信息产业的重要一员。但要切实履行这一职责，图书馆提供的服务必须符合用户的需求，因此图书馆的服务理念也不能停留在过去的“收藏”和足不出户的“借阅与归还”了，而是要从思想深处更新服务理念，以图书馆用户的需求为中心，为其提供适宜的服务，这样才有利于图书馆未来的发展。

（五）服务范围由“图书馆服务”向“资源共享”服务转变

传统图书馆以文献收藏为己任，以印刷型文献为主体，这种基于自我馆藏的图书馆是作为一个书刊存储基地和物理实体机构存在的。图书馆的服务范围仅限于这个特定的场所内，其服务的直接功能是利用自给自足的档案性馆藏，为相对稳定的读者提供“阵地服务”和“定向服务”，满

① 徐春梅．谈谈图书馆从“书本位”到“人本位”的认识[J]．大学教育，2013（21）：153.

足读者对已知文献的需求，我们把这种服务称为“图书馆服务”。

进入网络时代以后，远程通信技术、网络的应用和推广，使得图书馆与地区网、国内网、国际网联网，正在把图书馆与近程和远程的读者、各类信息服务中心、各种书目利用机构、联机信息检索系统连为一体，为图书馆与其他机构共享资源提供了条件。再加上网络时代知识更新速度不断加快，图书馆想要凭一已之力搜集所有的知识信息是不可能的，只有与其他图书馆、其他机构进行合作，进行资源共享，才能充分发挥图书馆的作用。在这种情况下，图书馆的服务范围必然向“资源共享”转变。这是在网络环境下发展起来的一种新的、重要的学习交流模式，图书馆不仅要方便快捷地为用户提供信息，而且要成为用户不可或缺的信息共享空间开放存取，任何人可以在任何时间和地点、不受经济状况影响、平等免费地获取和使用相关信息，这也是符合网络时代信息交流特点的一种全新的、高效的交流模式。

第四节　图书馆服务共享

进入网络时代以后，随着网络信息技术的快速发展，以百度、Google等为代表的互联网搜索引擎为人们提供了信息搜索的便捷方式，给图书馆的生存带来巨大挑战。针对这一情况，进行图书馆服务变革成为图书馆界的共识。其中，提倡图书馆服务共享就成为现代图书馆革新的一个重要思路。

一、服务共享的概念

服务共享，简单地说是指经营机构的一种共享机制。随着后工业化的服务经济快速发展，公司经营的利润获取也在发生变化。尤其是一些大公司为了节约成本，纷纷开始成立服务共享管理部门，主要用于处理重复性的日常事务，以最大幅度地提高效率。该种经营模式作为一个独立组织管理其资源；所提供的服务界定为服务共享产品；所承诺的服务符合服务水平协议书的要求；遵循统一的经营思想为整个组织的众多商业伙伴和客户提供服务。

从其概念的分析上我们可以看出，服务共享实际上是将分散在各个业务单元当中那些功能相同、流程相似的业务从原业务单元中剥离出来，并进行集中整合，组建共享服务中心，此共享服务中心以顾客(原业务单元）为导向，向顾客提供收费服务，并形成具有专业化的内部机构。它不仅有利于节约成本，而且是价值的再创造。

自21世纪以来，图书馆行业也逐渐将关注的重点从文献资源转向图书馆服务，一方面资源数字化引发读者到实体图书馆越来越少，另一方面更加关注读者的需求成为图书馆服务的共识。再加上海量信息的飞速产生，使得不少图书馆都开始思考如何准确地过滤和有效利用各种信息，提高各种信息资源的利用效率。在这种情况下，一些学者从企业经营的服务共享理念受到启发，倡导将这一方式引入图书馆行业，从而推动了图书馆服务共享的产生。

二、图书馆服务共享的基础

总体上来看，图书馆服务共享的提出是在新世纪信息技术快速发展，图书馆适应社会发展形势，重视用户服务的产物。细究起来，图书馆服务共享之所以可行，是因为它有以下基础。

（一）Web 2.0的时代背景

2004年，身为互联网先驱和O'Reilly公司副总裁Dale Dougherty在一场头脑风暴论坛中提出了"Web 2.0"这个概念，用来表示万维网发展过程中第二阶段的发展趋势。确切地说，Web 2.0指的更多的则是基于万维网的第二代网络工具。这些工具可允许用户更多地合作、参与和交流。根据英国《观察家报》在2006年12月24日的报道，"我们已进入Web 2.0时代，一个新的架构正在成形，它允许人们以革新的方式与彼此进行联系。由此便出现了博客和用户可上传和交流自己拍摄的录像的YouTube网站。像MySpace、Wikipedia、Skype、Hickr、Facebook、Second Life等参与性和辅助性网站的蜂拥而至都是这一趋势的体现。"此后，Web 2.0这个概念被广泛传播，并迅速发展成一个深入人心的流行术语。这一时代有以下几个方面的特征。

（1）Web 2.0让互联网进入了一个崭新的时代，其核心是互联网的服务让用户从受众变成参众，用户成了真正的上帝。在Web 2.0模式下，用户可以不受时间和地域的限制分享各种观点，既可以得到自己需要的信息，也可以发布自己的观点。

（2）Web 2.0更加注重交互性。不仅用户在发布内容过程中实现与网络服务器之间交互，而且也实现了同一网站不同用户之间的交互，以及不同网站之间信息的交互。

（3）Web 2.0 时代，信息在网络上不断积累，通过 RSS 等聚合技术，统一呈现在用户的终端上，不再分别去各个网站。

（4）开放的平台，活跃的用户。几乎所有的 Web 2.0 平台都具有开放性，不仅对于用户来说是开放的，用户因为兴趣而保持比较高的忠诚度，他们会积极地参与其中，而且对于其他互联网网站也是开放的，更加有利于构建各类数据、服务共享系统。

（5）出现大量以兴趣为聚合点的社群。在 Web 2.0 模式下，对某个或者对某些问题感兴趣的群体可以有效聚集，并对这些话题进行深入讨论，自然而然地细分了市场。

就我国的社会现状来看，根据中国互联网络信息中心（CNNIC）发布的第 43 次《中国互联网络发展状况统计报告》统计显示，截至 2018 年 12 月，我国网民规模达 8.29 亿，互联网普及率为 59.6%，预计 2019 年我国网民规模将达 8.72 亿，互联网普及率将超过 60%[①]（图 3-2）。

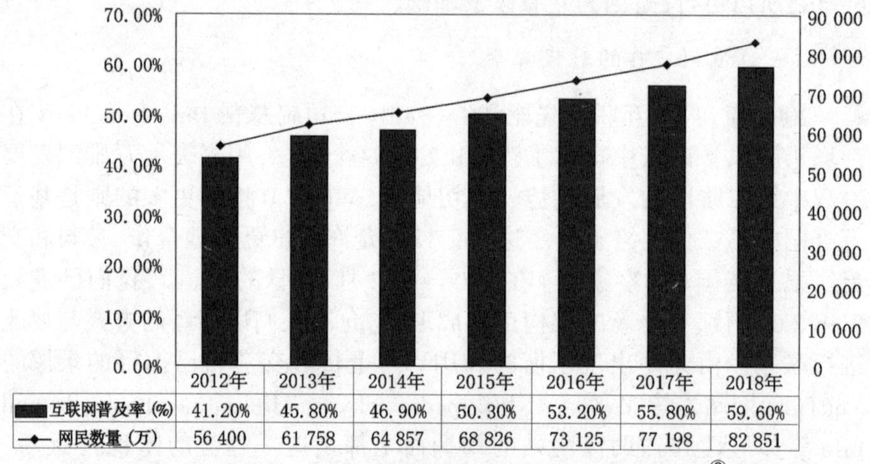

	2012年	2013年	2014年	2015年	2016年	2017年	2018年
互联网普及率（%）	41.20%	45.80%	46.90%	50.30%	53.20%	55.80%	59.60%
网民数量（万）	56 400	61 758	64 857	68 826	73 125	77 198	82 851

图 3-2　2012—2018 年中国网民规模及互联网普及率[②]

互联网在我国的快速发展也使得 Web 2.0 文化成为我国的一种文化现象。Web 2.0 文化融合了 Web 2.0 模式下的用户分享、平台开放、信息聚合等特点，并迅速融入现代社会文化中，为图书馆服务共享提供了思想引导。

① 中国互联网络信息中心．第 43 次《中国互联网络发展状况统计报告》[R/OL]. http://www.sohu.com/a/298908027_350221.

② 中国互联网络信息中心．第 43 次《中国互联网络发展状况统计报告》[R/OL]. http://www.sohu.com/a/298908027_350221.

（二）以用户为中心的服务理念

作为以提供服务为中心而存在的组织，以服务为中心也就是以用户为中心。图书馆通过服务来实现用户与信息之间的双向交流。OCLC 发布的《图书馆认知 2010》中确认：现在已经没有人将图书馆门户作为查找信息的首选入口。面对这种困境，图书馆开始意识到信息资源建设和服务工作必须从过去“面向资源”到“面向技术”，并最终实现“面向用户”。一切以用户为中心，把用户对信息资源的需求和利用作为图书馆信息资源组织和建设的根本目的和主要评价标准。

可以说，如何去实践和运用以用户为中心的服务理念这个信念，决定了图书馆管理和图书馆服务的发展方向、路线和结果，也说明新世纪图书馆行业对于读者权利的重视。随之而来的，很多图书馆开始尝试为读者提供个性化的服务：定制收藏、个人门户、学科专题文献推送、手机图书馆定制等，都为随之而来的图书馆 2.0 的起源和发展奠定了基础。

（三）服务手段和服务内容的多样化

如同之前我们所分析的，现代网络技术和信息技术的全面渗透，为图书馆服务手段的更新和服务内容的延伸奠定了技术基础，在信息技术和通信技术的支持下，现代图书馆的服务手段和服务内容呈现明显的多样化特征：讲座与培训、专题文化展览、在线咨询和交流服务——甚至是 BBS、娱乐服务功能、读者利用文献的数据挖掘和分析、文化素质教育、定制复印、信息共享空间、高校科研成果转化的引路、学科研究者的网络虚拟社区等都可以在现代图书馆服务中找到。这些服务有些已经远远超出了传统图书馆服务的范畴，意味着图书馆行业在新时期的探索，这些探索也为图书馆服务共享奠定了坚实基础。

三、图书馆服务共享的内容

在实践中，图书馆的服务共享主要是借由 SOA 架构的图书馆服务共享体系，通过相关书库标准和互操作标准，实现成员机构所需业务的互联互通，保障用户在各个成员机构能够享受通行的服务。其服务内容主要包括以下几个方面。

(一)传统图书馆服务

图书馆服务共享并不是对图书馆服务的完全变革,传统的图书馆服务依然有其存在的价值,因此也属于服务共享的内容,它具体包括以下几个方面的内容。

(1)馆藏目录的共享。通过图书馆服务共享体系,用户可以获得服务共享的多个图书馆馆藏目录,图书馆编目人员也可以利用共享的书目信息快速完成工作,用户也可以通过目录在网上浏览、借阅相关书籍。

(2)文献传递。对文献传递可按文献的形式进行分类,纸型文献可通过复印、邮寄、电传等形式进行共享;数字资源则可通过 E-mail 和建立文献传递专用服务器等方式共享。

(3)馆际互借。用户可以利用统一规划的"一卡通"在服务平台内填写并提交馆际互借需求,也可以根据自己的地域,选择适宜的服务模式。

(二)荐购图书

用户可以向其他用户推荐本馆已有图书,也可以在本馆的电子订单中向采编部推荐采购新书。这是图书馆馆藏资源建设的重要渠道,其方式有多种,往往开发专门的服务平台,将出版社和书商最新的书目信息进行推送,供读者按需推荐,馆员收到推荐信息后,查重后自动生成订单。

(三)知识共享

(1)图书馆可以设计用户个人文档、共享文档等功能,以便用户向知识社区上传和共享自己的文档,通过共享服务阅读和下载其他用户的知识文档,也可以通过收藏文档功能将共享文档库中的有用资料建立起快捷访问方式,从而缩短获取知识的时间。

(2)图书馆可以设计读书笔记功能,让用户将自己的读书笔记共享给其他用户,实现知识共享。

(3)图书馆可以设计藏书架功能,让用户可以通过上传私人藏书目录并与其他人共享,从而达到图书交流的作用。

(四)参考咨询

图书馆可以在网络上设置在线回答、评论、论坛、电子邮件等多种方式,与用户进行沟通,并为其提供多种形式的参考咨询服务。通过图书馆设计的各类交际平台，用户可以在线填写相关的咨询、建议或意见，并能及时得到在线馆员的答复或解决方案。

不同的图书馆也可以各自推荐自己的咨询馆员，与其他图书馆的咨询馆员一起组成用户参考咨询联盟，一起为用户提供各项咨询服务，还可以建立 FAQ 专家知识库，使学科专家参与咨询和图书馆联合咨询成为可能。

（五）知识社区

图书馆知识社区构建于 Web 2.0 技术之上，因为 Web 2.0 的思想完全符合图书馆建设读者知识社区的目的，尤其是“以人为本”的思想。但是图书馆毕竟有自己的实际情况，根据读者的需求设计新的服务功能，可以尝试包括 SNS、RSS 的知识订制与阅读、文献资源收藏、图书交易等社区要素。

（六）科技查新的服务共享

用户先填写查新委托书，提交相关资料，并可在系统查询委托查新项目的进度。不同的图书馆具有专业各色，其取得查新资质的方向也不同，服务共享后可以充分利用这些特色，开展更深入的服务。

（七）开放式互动服务

图书馆可以设计“文献互助”“图书交易 / 交换”和“协同写作”等功能实现图书馆知识社区的开放互动功能。其中，“文献互助”已经在“馆际互借”功能中得到体现，这里就不再赘述。“图书交易 / 交换”主要是为不同文献资源的拥有者提供一个信息交互的平台，以便让读者在最短时间内获得自己想要的知识。“协同写作”则是基于 SNS 技术中的 Wiki 思想的服务，它为做共同研究的用户集体编辑写作同一文章提供的技术支持。协同写作保留历史编辑记录，可以追溯以前的版本，有利于研究团队的组织与管理，便于分工合作。图书交换功能是通过用户上传并共享可供交流的私人藏书信息，为用户间交流图书提供的一项服务，该服务也是弥补馆藏有限的一种措施。图书的交换功能则由用户在系统之外实施完成，充分利用私人藏书开展服务。

（八）人际交流服务

图书馆服务共享并不是单纯的信息共享，也可以通过 SNS 的基本功能将现实的人际关系虚拟化,并重新构建社会人际关系。在具体实践中,图书馆可以在知识社区中设置“相册”“迷你博客”和“好友互访”等功能,帮助用户进行好友添加,为其提供交流的机会和平台。用户也可以好友为中心把各个单一的读者联系成一个人际关系网,基本每个读者与读者之间都是有联系的,自己可以根据自己的交友原则,迅速快捷地建立起知识社区的社交网络。

（九）多样性知识源的聚合（RSS）

RSS 是 Really Simple Syndication 或 RDF（Resource Description Framework）Site Summary 或 Rich Site Summary 的缩写,中文称为“简易信息聚合”,也叫“聚合内容”或“真正简单的内容聚合”。作为描述同步网站内容的格式,它是一种基于 XML 标准的 Syndication 技术和在互联网上被广泛采用的内容包装和投递协议。但由于不同的组织对于 RSS 技术的标准不一,RSS 至今还没有一个统一的定义,也没有非常贴切的中文概念。

Web 2.0 的核心理念是用户体验。Web 2.0 时代互联网的本质是参与与分享。在 Web 2.0 时代,人人都是网络资源的贡献者。面对海量的信息资源, Web 2.0 通过信息聚合技术,实现了网络服务模式由 Web 1.0 时代的人找信息转变为信息找人。RSS 就是一种典型的信息聚合技术。它的发布端是信息的提供方,即 RSS 源,是互联网上各类提供 RSS 订阅功能的网站。接收端即用户,用户可根据需要,订阅多个信息来源,并通过 RSS 阅读软件对多个信息源进行分类管理,快速构建个人信息门户。因此它也被命名为“知识源”,其基本模块为用户提供了如天气预报、移动便签、日程安排、书签等服务,模块中的知识源不仅可以由用户根据自己的需求从图书馆定制或自行添加,同时还可以将已经添加的知识源在知识社区中进行共享。当用户有明确的学习目的但没有确定的学习内容时,知识源的交换与共享可以帮助用户提高学习效率。目前大多数期刊都提供 RSS 信息推送,读者选用这种方式订阅期刊发文的最新情况,在第一时间获得专业信息。

（十）联合开展阅读推广和其他主题活动

各成员馆可以联合开展主题书展、书评、新书通报、阅读辅导等读者阅读主题活动,开展学者讲座、文献利用培训、影视评介、书画展览等文化主题活动,持有服务共享“借阅证”的读者可免费参与。

第四章　图书馆信息服务及其建设

服务是图书馆的永恒主题，任何情况下都不能动摇和改变。由于当前的社会是一个信息社会，信息大量产生并成为有价值的东西，因此图书馆在开展服务工作时，必须重视信息服务工作。此外，随着互联网和信息技术的快速发展，网络信息资源得到了迅速增长，从而对图书馆的信息服务提出了新的要求。因此，图书馆在今后开展信息服务工作时，也要高度重视互联网时代图书馆信息服务的科学建设。

第一节　信息服务概述

在当前，随着科技的进步、计算机以及互联网的日益普及，信息的产生速度不断加快、产生数量不断增加，人们每时每刻都处于信息的包围之中。由于信息的大量且无序，人们在面对信息时会出现手足无措的情况。而要有效解决这一问题，最为重要的就是大力发展信息服务。

一、信息服务的含义

所谓信息服务，简单来说就是“对信息收集、加工、存储、传递和提供的社会化经营活动”[①]。在开展这项活动时，必须要以用户的信息需求为依据，并尽可能提供多样化的信息服务内容和形式，以获得用户的高度认可。

我国对信息服务予以了高度重视，在当前已经形成了一个多层次的，包括科技、经济、文化、新闻、管理等各类信息在内的，面向各类用户，以满足专业人员多方面信息需求为目标的社会服务网络。在今后，随着信息社会发展的不断深入，我国的信息服务还将得到进一步发展与完善。

① 袁明伦．现代图书馆服务[M].成都：四川大学出版社，2013：86.

二、信息服务的特征

对信息服务进行深入分析,可以发现其有以下几个鲜明的特征。

(一)社会性

信息服务的社会性特征,主要是通过以下几个方面表现出来的。

第一,信息的产生、传递与利用都是在社会中进行的。

第二,信息以及信息服务都有重要的社会价值,能够产生一定的社会效益。

第三,开展信息服务必须遵守一定的社会规范,如不能违反法律、不能有悖道德规范等。

(二)知识性

信息服务的知识性特征,主要是通过以下几个方面表现出来的。

第一,信息服务是一种知识密集性服务,即信息服务是以知识的获取与利用为前提的。

第二,信息服务的提供人员,必须要具备良好的综合知识素质,以确保信息服务有效开展并取得良好的成效。

第三,信息服务的接受者即用户,只有具备相应的知识储备,才能达到用户知识与信息的匹配,继而对信息服务进行有效利用。

(三)指向性

任何信息服务都指向特定的用户和用户的信息活动,正因为如此才产生了信息服务的定向组织模式。因此,指向性是信息服务的一个重要特征。

(四)时效性

信息服务的核心资源是信息,而信息是有一定时效的。对于某一事件的信息,只有在及时使用的情况下才具有价值,过时的信息不再具有使用价值,甚至可能导致一些负面影响。因此,在开展信息服务时,要充分考虑到信息的时效性问题。

（五）关联性

信息服务的关联性特征指的是，信息服务与信息资源、信息用户之间有着必然的内在联系。正是三者的内在联系，使信息服务的组织有了基本的依据。

（六）公用性

面向大众的公共信息服务，可以同时为多个用户提供信息服务。因此，公用性也是信息服务的一个重要特征。不过，这并不意味着所有的信息服务都是公用性的，事实上也有一些信息服务机构是专门服务于单一用户的。

（七）控制性

信息服务的开展关系到社会的运行、管理和服务对象的利益，因而它要受国家政策的导向和法律的严格约束。也就是说，信息服务是一种置于社会控制之下的社会化服务，因而具有明显的控制性特征。

（八）主体性

信息服务的主体性特征指的是在开展信息服务时，必须充分考虑到用户的主体活动的内容、目标和任务。只有这样，所提供的信息服务才能真正对用户的主体活动有所帮助。

三、信息服务的内容

信息服务涵盖的内容是十分广泛的，其中较为重要的有以下几个。

（一）信息资源开发服务

对于信息服务来说，其最基本的一项工作便是信息资源开发服务。这项工作能够使原本看似没有价值或价值不大的原始资料在经过整理与加工后，产生更大的价值。因此，信息资源开发服务的开展，必须以对信息的搜集、加工、分析等为前提。

（二）信息传递与交流服务

信息的一个重要特征，便是可以进行传递与交流。在此影响下，世界各国便能同时分享科技发展所带来的胜利果实。如果信息不能进行传递与交流，则信息就失去了其存在的价值。因此，在开展信息服务时，信息传递与交流服务也是不可忽视的一项重要内容。

（三）信息加工与发布服务

在当前的信息社会，信息已成为最重要的资源之一。但是，随着信息产生和发展速度的不断加快，也不可避免地出现了信息泛滥现象，而且信息越多越泛滥。这就导致人们在信息的海洋中寻找所需的信息时，犹如大海捞针。要解决这一问题，一个有效的措施便是做好信息加工与发布服务，即对信息进行加工整理，并将加工后的信息予以及时发布，以便信息发挥出应有的作用。

（四）信息提供与利用服务

信息服务机构对信息进行了搜集、整理与加工后，最重要的目的是提供给用户使用。用户通过利用这些信息，可以有效解决自己在学习、工作与生活中遇到的问题，继而在推动社会发展和进步方面做出一定的贡献。因此，信息提供与利用服务也是信息服务的一项重要内容。

（五）用户信息活动的组织与信息保障服务

信息用户在兴趣、爱好、受教育程度、知识结构、文化素养等方面存在较大的差异，因而其对信息进行把握与利用的能力也有很大不同。面对这一现实，信息服务机构在开展信息服务时，必须要积极开展用户信息活动的组织和信息保障服务，以便有针对性地为用户提供信息，使用户能够更好、更准确地掌握与利用信息。

四、信息服务的类型

信息服务依据不同的标准可以划分为不同的类型，其中较为常见的分类方式有以下几个。

（一）以信息服务的手段为依据进行分类

以信息服务的手段为依据，可以将信息服务细分为以下两类。

1. 传统信息服务

所谓传统信息服务，就是通过信息人员的智力劳动所进行的信息服务。比如，利用书本式检索工具书提供检索服务。

2. 电子信息服务

所谓电子信息服务，就是借助于计算机和网络系统开展的信息服务。比如，向用户提供网络检索服务。

（二）以信息服务提供的文献信息加工深度为依据进行分类

以信息服务提供的文献信息加工深度为依据，可以将信息服务细分为以下几类。

1. 一次文献服务

所谓一次文献服务，就是向用户提供原始的文献或是其他的一手信息。

2. 二次文献服务

所谓二次文献服务，就是将原始文献信息搜集、整理、加工成反映其线索的目录、题录、文摘、索引等中间产物，从而向用户提供查找文献信息线索的一种服务。

3. 三次文献服务

所谓三次文献服务，就是对原始文献信息进行研究，向用户提供文献信息研究结果的一种服务。通常来说，文献评价服务、“综述文献”服务等都属于三次文献服务。

（三）以信息服务的能动性为依据进行分类

以信息服务的能动性为依据，可以将信息服务细分为以下两类。

第一，被动信息服务，即直接将收集到的、未加工的资料提供给用户。

第二，主动信息服务，即在对收集后的资料进行整理、分析后再提供给用户。

（四）以信息服务的内容为依据进行分类

以信息服务的内容为依据，可以将信息服务细分为以下几类。

第一，科技信息服务。

第二，经济信息服务。

第三，军事信息服务。

第四，技术经济信息服务。

第五，法规信息服务。

第六，流通信息服务。

需要注意的是，这些细分的信息服务具有鲜明的专业性特征，并且形式固定，需要按照用户的要求进行。

（五）以信息服务的方式为依据进行分类

以信息服务的方式为依据，可以将信息服务细分为以下几类。

第一，信息咨询服务。

第二，信息检索服务。

第三，宣传报道服务。

第四，专项委托服务。

第五，文献复制服务。

第六，文献借阅服务。

第七，文献代译服务。

（六）以信息服务对象的结构为依据进行分类

以信息服务对象的结构为依据，可以将信息服务细分为以下两类。

1. 单向信息服务

所谓单向信息服务，就是向单一用户所提供的信息服务。这一类信息服务具有较强的针对性。

2. 多向信息服务

所谓多向信息服务，就是面向众多用户，在一定范围内进行的信息服务。这一类信息服务相比单向信息服务来说，针对性并不是很强。

（七）以信息服务的时间长短为依据进行分类

以信息服务的时间长短为依据，可以将信息服务细分为以下两类。

第一，长期信息服务，即在较长的时期内为用户提供信息服务。

第二，即时信息服务，即只在较短的时期内为用户提供信息服务。

（八）以信息服务的范围为依据进行分类

以信息服务的范围为依据，可以将信息服务细分为以下两类。

第一，内部信息服务，如企业为其内部人员提供信息服务。

第二，外部信息服务，如企业为内部人员以外的其他人员提供信息服务。

（九）以信息服务是否收费为依据进行分类

以信息服务是否收费为依据，可以将信息服务细分为以下两类。

第一，有偿信息服务，即在为用户提供信息服务时，向其收取一定的费用。

第二，无偿信息服务，即在为用户提供信息服务时，不收取任何的费用。

五、信息服务的要求

信息服务机构在开展信息服务时，要想获得良好的成效，需要遵循以下几个方面的要求。

（一）要确保信息资源开发的广泛性

信息服务需要在充分开发信息资源的基础上进行，只有掌握了尽可能多的信息资源，才能确保向用户的提供的信息没有重大遗漏。因此，信息服务机构要高度重视信息资源的开发，并不断扩展信息资源开发的范围。

（二）要确保信息服务的准确性

对于信息服务来说，准确性是最基本的要求。不准确的信息对于用户而言，不仅毫无用处，而且会导致一些不良后果，如决策失误等。信息服务机构要确保所提供信息的准确性，应特别注意以下几个方面。

第一，在搜集信息时，要确保所搜集信息的准确性。

第二，在传递信息时，要避免出现失真现象。

第三，要准确地对信息进行分析与判断，以便能做出正确、可靠的结论。

（三）要确保信息服务的充分性

信息服务机构要确保信息服务的充分性，应特别注意以下两个方面。

第一，要在充分利用各种条件和一切可能的设备，组织用户服务工作。

第二，要充分掌握用户需求、工作情况及基本的信息条件，以确保所提供的信息范围适当、内容完整和对需求的满足充分。

（四）要确保信息服务的关键性

确保信息服务的关键性，也就是确保所提供的信息能够帮助用户有效地解决问题。要达到这一要求，信息服务机构应特别注意以下几个方面。

第一，要不断提高信息服务人员的业务素质。

第二，要注意在开展信息服务工作时，进一步加强对信息的分析与研究。

第三，要尽可能地开辟专项信息服务工作，以提高信息服务的专业性。

（五）要确保信息服务的及时性

信息服务机构要确保信息服务的及时性，应特别注意以下两个方面。

第一，接待用户和接受用户的服务课题要及时。

第二，所提供的信息要及时，应尽可能使用户以最快的速度得到他们所需要的最新信息。

（六）要确保信息服务收费的合理性

在当前，随着市场经济的深入发展，越来越多的信息无偿服务转向了有偿服务或部分有偿的服务。这就涉及信息服务的收费，即如何科学合理地确定信息服务的收费标准。就我国而言，在制定信息服务的收费标准时，既要充分考虑到国家的政策，也要充分考虑到我国人民的实际收入水平。

第二节　图书馆信息服务的发展与演变

图书馆是信息服务机构,其所有的活动都是围绕着为用户提供信息而进行的。不过,图书馆的信息服务并非一成不变的,而且会随着用户信息求需求、信息服务环境等的变化而发生一定的改变。在本节中,将对图书馆信息服务发展与演变的相关内容进行详细论述。

一、图书馆信息服务发展与演变的原因

图书馆信息服务发展与演变的原因,具体来说有以下两个。

(一)信息服务的环境发生了变化

随着信息环境的改善和信息需求的不断增长,社会上各种信息服务机构和咨询机构如雨后春笋般涌现。这类信息服务机构不仅技术手段先进、服务方式灵活、业务工作富有特色,而且能主动调查了解用户的需求,并围绕经济建设和社会发展的热点、难点,提供科技、法律、市场、人才、决策等信息咨询服务,以有效满足用户的信息需求。相比之下,图书馆陈旧的服务观念,僵化的、浅层的文献服务与社会需求严重脱节,导致原有的用户逐步流失,图书馆的主导地位日益削弱,甚至生存也面临着严峻挑战。面对这一信息服务环境的改变,图书馆要想再次参与到信息服务市场的竞争并在竞争中取胜,就必须对自己的信息服务进行改革与创新。

(二)用户的信息需求发生了变化

图书馆对用户的信息需求进行分析,可以确保自己所提供的信息服务更具针对性和有效性。而用户的信息需求处于不断的变动之中,因而图书馆信息服务也需要进行相应的改变。就当前而言,用户的信息需求无论是在广度上还是在深度上都发生了量和质的变化,他们不满足于图书馆提供的普通服务,希望从更加个性的服务中获得收益。总体来说,图书馆用户信息需求的变化呈现出以下几个鲜明的特点。

1. 用户信息需求的范围不断扩大

图书馆用户信息需求的范围,呈现出不断扩大的趋势。在传统的图

书馆服务阶段,用户的信息需求主要是获得书目信息。而在当前,用户除了想获得书目信息,还想获得更为广泛的、形式多样的、内容全面的知识信息。

2. 用户信息需求的内容日益个性化

图书馆用户由于兴趣、爱好、专业、知识能力等各方面的差异,对信息内容的需求变得更加个性化,如有的用户希望迅速准确地找到信息,有的用户需要信息服务部门向其提供最新颖的信息等。

3. 用户信息需求的方式日益网络化

随着计算机的普及以及信息技术的发展,图书馆用户的信息需求方式呈现出鲜明的网络化倾向,即希望可以利用图书馆的信息数据库以及信息检索方式等来获得自己所需的文献资料。

总的来说,图书馆必须以用户的信息需求实际为依据,对其信息服务进行一定的发展与完善。

二、图书馆信息服务发展与演变的阶段

(一)文献管理阶段

图书馆在20世纪50年代以前,将自身的角色定位为对人类的文明成果进行搜集、整理、收藏和传播,因而文献资源管理是其主要的存在方式和活动内容。

在这一阶段,图书馆的信息服务具有明显的手动性和个人性,即图书馆主要是以手工劳动和个人智力劳动的形式为用户提供服务。同时,这一时期的服务内容几乎都围绕着图书馆所收藏的文献,如馆藏文献的外借、阅览、复制、宣传报道、参考咨询、定题跟踪以及二次文献(如书目、索引、文摘等形式)服务。这样的图书馆信息服务注重的是文献的组织检索与传递,无法针对用户的多样化需求为其提供有针对性的服务。

(二)技术管理阶段

自20世纪50年代起,伴随着计算机技术的发展以及应用范围的不断扩大,信息服务发生了重大改变,即进入了以计算机为工具,以自动化信息处理及信息系统建造为主要内容的技术管理阶段。

在这一阶段,图书馆的信息服务用机器检索代替了手工操作文献,使

得信息处理的效率大大提高,信息服务的空间和范围也得到了极大拓展,出现了基于网络的文献借阅服务、文献信息报道服务、数据库检索服务、参考咨询服务以及用户教育服务等。同时,图书馆在这一阶段的信息服务开始重视满足用户的多样化需求。不过,这一阶段的图书馆在顾及信息的高速处理、传播、利用和共享的同时,对于信息安全以及信息利益(如知识产权、信息成本等)则未引起足够重视。

(三)信息资源管理阶段

自20世纪70年代起,信息日益成为社会经济发展中最为重要的资源。在此影响下,信息资源管理的概念出现了。信息资源管理强调以网络为支撑平台,通过运用多种手段(如经济手段、技术手段、人文手段等)来构建一种开放的学习和服务环境,形成以信息的获取、组织和提供为主要服务内容的综合信息服务模式,从而有效提高服务的效益。

在此影响下,图书馆日益重视对信息活动进行资源性质的服务和管理,强调信息服务成本效率的分析、信息资源的优化配置,并积极丰富图书馆信息服务的内容、开发图书馆信息服务的手段、提升图书馆信息服务的社会整体效益。

不过,信息资源管理仅仅关注显性知识的管理,忽略隐性知识的管理,没有把人脑中的“活知识”纳入开发、组织和管理的范畴,对学习和创造过程视而不见,对利用者需求信息的根本原因重视不够,不能实现全方位的信息管理和服务,未能将信息作为一种资产管理,忽视信息的增值问题。因此,这一阶段的图书馆信息服务还面临着不少的问题,如信息服务的内容不全面、信息知识的共享不全面等。

(四)知识管理阶段

自20世纪90年代中期以来,一种新的信息管理方式——知识管理出现了。知识管理重点关注思想、创新、关系及对新思想新观点的开放态度、行为模式、能力以及员工之间的交流协作,支持个人、团队和群体的学习,其核心是知识的创造、应用、学习、理解和协商。

知识管理的出现,使得知识成为图书馆的资本优势。图书馆越来越重视借助科学的知识组织手段来促进自身知识生产能力的提高,并有效地开发和管理隐性知识资源。与此同时,图书馆在开展信息服务工作时,日益重视以知识内容服务为中心,以知识管理为基础,以显性知识和隐性知识为管理对象,以信息析取、整合、序化、集成和知识组织、知识管理等为手段,面向用户的学习型的综合知识服务模式。这种图书馆信息服务模式的实现,需要充分借助于互联网以及信息技术,如新型检索技术、大型数据库技术、云存储技术、大数据分析技术等。

三、图书馆信息服务发展与演变的趋势

对图书馆信息服务发展与演变的阶段进行深入分析,可以发现其呈现出以下几个鲜明的发展与演变趋势。

(一)日益重视重新构建传统信息服务

图书馆在发展的过程中,为了有效应对环境的变化,越来越重视对传统信息服务的组织与提供方式进行重新构建。比如,图书馆在开展服务工作的过程中,日益重视依据用户的类别来提供及时的、有针对性的信息服务;日益重视信息服务的集成性,如将信息的搜集、整理、分析、搜索、复制等多种服务有机融合在一起,等等。

(二)日益重视构建基于用户的信息服务机制

随着以人为本理念日益深入人心,图书馆在开展信息服务的过程中也日益重视以用户为中心,并积极探索如何构建基于用户的信息服务机制。比如,有些图书馆开始允许用户在对图书馆的文献资源进行检索和阅读的同时,对一些文献资源进行批注或是制作书签。

虽然到目前为止,图书馆基于用户的信息服务机制还处于不断地发展与完善之中,但其表明了图书馆在信息服务方面的重大变革,对于增强图书馆的吸引力和竞争力也有重要作用。

(三)日益重视拓展信息服务的内容

图书馆在发展的过程中,逐渐采取更为开放和主动的方式来应对信息环境的变化,努力在传统信息服务的基础上拓展新的信息服务内容,如开展信息素质教育、构建网络学习中心等。

(四)日益重视信息服务的集成化

信息服务的集成化可以说是未来图书馆信息服务发展的一个重要方向。它是一种建立在信息资源集成、用户需求变化及信息技术发展三位

一体基础上的图书馆信息服务方式。

图书馆的集成信息服务,具体而言表现在以下两个方面。

第一,图书馆以信息资源共享的广泛集成为中心,将全球的Web数据库、学术期刊、商务信息等数字化资源集成到图书馆主页供用户使用。

第二,图书馆利用智能检索、远程提交、下载、BBS和Web Form等为用户提供新型信息服务。

(五)日益重视个性化知识服务

图书馆相比其他的信息服务机构,有着明显的优势,如文献资源雄厚、文献保存率较高、服务人才整体素质较高等。因此,图书馆更能有效地进行信息开发。在这一过程中,图书馆十分注重信息资源的深加工和精处理,形成信息产品,通过信息咨询、产品展示等活动,推动科技成果走向市场,并转化为现实生产力。与此同时,图书馆所具有的优势有助于其突破时空界限,为社会提供多功能、全方位的服务,实现信息服务社会化,并真正实现全社会的信息资源共享。在此基础上,图书馆便能更有效地开展针对用户的个性化知识服务,如为用户提供完善自身知识结构的知识服务,为用户提供提高自身生活品质的知识服务等。

总之,个性化知识服务已成为当代图书馆信息服务发展不可逆转的趋势。为此,图书馆必须充分利用自身优势,对馆藏资源和网络资源进行深层次开发,去伪存真,对信息进行分析、综合、整序,将新的、序列化的知识单元提供给用户,满足用户多方位的需求。

(六)日益重视图书馆信息服务的创新性

图书馆要想在信息服务市场中始终占据一席之地,就必须重视对信息服务进行创新。因此,图书馆在未来的发展中,应抓住网络发展契机,大力倡导创新精神,形成创新共识和开创信息服务新局面的动力。同时,图书馆应及时把握信息服务的新特点,并以此为依据对自己的信息服务进行调整与创新,以便获得更多用户的认可,在信息服务市场占据重要的位置。

(七)日益重视信息服务的社区化

对于图书馆信息服务的未来发展而言,社区化也是不可避免的一种趋势。图书馆的信息人才、资源、技术较其他信息机构更具优势,完全可凭已建立的网络和信息资源保障体系,挖掘潜力,服务于社会,服务于社区。随着社会信息化程度不断提高,与城市生活息息相关的全方位信息需求日益增多。西方信息服务机构对此积极回应,使社区信息服务迅速发展。从内容和适应范围分析,图书馆信息服务要满足社区对“社会文化信息、实用性信息、特殊用户信息”的需求。社区信息需求说到底是对服务的需求,图书馆作为社会文化机构,必须要承担起满足社区信息需求的任务。

第三节　现代图书馆的信息服务手段与服务质量

21 世纪是以信息和空间技术为支撑的全球经济时代,在这一时代,全球信息资源的开发和利用为人们认识信息资源提供了新的视角。在此影响下,现代图书馆不得不改变以往信息服务的手段,提高信息服务的质量,以便在为用户提供更好的信息服务的同时,促进图书馆充分发挥自己的作用。

一、现代图书馆的信息服务手段

图书馆信息服务工作的顺利开展,必须以适宜的信息服务手段为基础。对现代图书馆来说,其在开展信息服务工作时可以借助于以下几个有效的手段。

(一)条形码技术

条形码技术是由不同宽度的明暗条相间组成的代码,通过条形码阅读器,可以将这种特殊代码所包含的特定信息转换成有序的符号传送给计算机。

在图书馆的信息服务工作中,条形码技术具有输入方便快捷、使用寿命长等优点,因而是应用最早的信息服务手段之一,在提升图书借阅服务的速度和质量方面发挥了重要作用。在当前,条形码技术主要用于识别读者的借阅卡和图书、期刊。

(二)信息查询系统

传统图书馆在进行信息检索时,主要利用的是查找目录卡片的方式。这种信息检索方式不仅需要花费大量的人力,而且检索过程十分枯燥,读者也无法准确获得相关文献的借阅状态。如此一来，读者很难在较短的时间内获得自己所需要的知识。

与传统图书馆不同，现代图书馆在进行信息检索时，充分利用了现代信息技术和设备，从而建立起信息查询系统。该系统克服了传统目录卡片的缺点，检索方便，响应速度快，界面友好，检索入口多，可以满足不同用户的需求；允许读者在不同的终端进行查询，不再受时空的限制，为用户的查询提供了方便。

在现代图书馆中，信息查询系统的运用是极为普遍的，不仅大大节省了信息检索的时间，而且能让读者在检索信息时准确地得知自己所查询文献的借阅状态，并实现在线对文献的预约与续借。

（三）电子引导系统

传统图书馆的引导系统主要用的是手工标志牌，但手工标志牌只能传递有限的信息，因而并不能很好地发挥引导效果。同时，手工标志牌不能与读者互动进行信息交流，无法及时回应读者的疑问。因此，图书馆在发展的过程中，尝试构建一种新的引导系统，即电子引导系统。

电子引导系统以电子显示或语音方式向读者宣传、揭示图书馆的服务宗旨、服务内容、服务方式、机构设置和资源布局等，这既有助于读者获得准确、生动、鲜明的信息，也有助于及时回应读者遇到的问题或疑问。

（四）电子文献信息资源浏览系统

随着互联网时代的到来，现代图书馆越来越重视数字图书馆的建设，并积极尝试为读者提供直接的数字信息阅览环境。在此影响下，图书馆电子文献信息资源浏览系统产生了。

图书馆电子文献信息资源浏览系统的产生，使读者可以在图书馆设立的多媒体阅览室或利用个人终端进行光盘、数据库及网络浏览，包括本馆经数字化转化后的印刷本馆藏和电子出版物，也包括通过图书馆主页链接而获取的国内外书目、索引、文摘类文献和各种在网上订购或免费查询的资料库、电子期刊、电子报纸及多媒体电子出版物等。

（五）新的信息传递手段

对于传统图书馆来说，其主要是通过面对面的方式与读者进行信息交流。也就是说，读者只有亲自到图书馆，才能向图书馆提出服务请求，继而从图书馆获取所需的文献。这种信息传递手段不仅效率低，而且无法对读者提供更具针对性的服务。于是,现代图书馆在发展的过程中,开始探索新的信息传递手段,即利用现代信息技术进行信息传递。比如,读者可以电子邮件的形式向图书馆提出查询、借阅等请求,而图书馆在接到请求后,可以通过传真、邮递等方式向读者提供有纸全文服务或通过网络直接传递数字信息。

(六)读者数据库

现代图书馆在开展信息服务时,建立读者数据库也是一种常用的手段。现代图书馆以读者的个人特征和信息需求为依据建立的读者数据库,有助于为读者提供高质量的信息服务。

具体来说,现代图书馆借助于读者数据库,可以为读者提供定制化数字信息服务,即根据读者开始设定所需信息的范围和特征,将定制信息源源不断地通过 Web 自动传递到用户;利用网络开展最新期刊目次通告服务,根据读者专题研究需要,以电子邮件方式将信息发送到读者的电子信箱内。

二、现代图书馆的信息服务质量

现代图书馆要想在激烈的信息服务市场竞争中始终占据有利的位置,就必须重视提高自己的信息服务质量。

(一)现代图书馆信息服务质量的特性

现代图书馆信息服务质量的特性,具体来说有以下几个。

1. 功能性

现代图书馆信息服务质量的功能性,指的是图书馆在为读者提供信息服务时,是否有效满足读者的信息需求。只有有效满足了读者的信息需求,现代图书馆的信息服务才能有较高的质量。

2. 时效性

现代图书馆信息服务质量的时效性,指的是图书馆在为读者提供信息服务时,是否及时满足读者的信息需求。只有及时满足了读者的信息需求,现代图书馆的信息服务才能有较高的质量。

这里所说的现代图书馆信息服务质量的时效性,具体包括以下两个方面的内容。

第一，现代图书馆为读者提供的信息是否及时。

第二，现代图书馆的服务效率是否获得了读者的认可。

3. 安全性

现代图书馆信息服务质量的安全性，指的是图书馆在为读者提供信息服务时，是否能确保读者的人身、财物受到保障。对读者人身、财物的保障质量越高，表明现代图书馆的信息服务质量越高。

4. 经济性

现代图书馆信息服务质量的经济性，指的是图书馆在为读者提供信息服务时，是否能确保读者所付出的代价是合理的。通常读者在接受信息服务时所付出的代价越合理，表明现代图书馆的信息服务质量越高。

5. 文明性

现代图书馆信息服务质量的文明性，指的是图书馆在为读者提供信息服务时，是否能为读者创造一个和谐友好的氛围。只有积极创造和谐友好的读者氛围，现代图书馆的信息服务才能有较高的质量。

6. 舒适性

现代图书馆信息服务质量的文明性，指的是图书馆在为读者提供信息服务时，是否能保证服务环境安静整洁、各种服务设施方便使用。只有重视服务环境的构建，确保各种服务设施能被读者有效使用，现代图书馆信息服务才能获得较高的质量。

（二）现代图书馆信息服务质量的影响因素

现代图书馆的信息服务质量会受到多方面因素的影响，其中较为重要的有以下几个。

1. 现代图书馆的管理机制

现代图书馆在开展各项工作时，要想取得良好的成效，必须要在科学、合理的管理机制下有序进行。这就决定了现代图书馆要想顺利地开展信息服务工作，不断提高信息服务的质量，就必须以自身的实际情况为依据，构建合理的管理机制。

2. 现代图书馆拥有的信息资源

现代图书馆的用户是由各种不同层次的用户群组成的，而他们在信息需求范围、需求专业、需求程度以及需求心理、需求动机、需求兴趣等方面会有较大的差异,因此不同的用户要求使用的资源是不同的。因此,现代图书馆要想提高信息服务的质量,必须要拥有丰富的信息资源,以有效满足用户的信息需求。

3. 现代图书馆馆员的综合素质

现代图书馆的信息服务质量,与图书馆馆员的综合素质有着极为密切的关系。也就是说,现代图书馆要想开展高质量的信息服务,必须培养和拥有一批综合素质较高的专门人才。

图书馆馆员是图书馆的基本细胞,因此,现代图书馆在发展的过程中,要想不断提高自己的信息服务质量,就必须建立一支思想好、知识结构合理、精通业务、具有敏锐的情报意识、勇于开拓进取、具有较高外语水平和计算机应用能力的高素质复合型人才队伍,以便能够为用户提供深层次、高水平的信息服务。

4. 现代图书馆拥有的技术手段

现代图书馆要想为用户提供高质量的信息服务,必须要依靠先进的计算机技术、网络通信技术、信息技术等的全方位支持。也就是说,现代图书馆拥有的技术手段也是影响其信息服务质量的一个重要因素。

(三)现代图书馆信息服务质量的测评

现代图书馆信息服务质量的测评,对于明确现代图书馆信息服务的实际情况具有重要的作用。而在对现代图书馆的信息服务质量进行测评时,最重要的方法是对现代图书馆的信息服务绩效进行测量。

信息服务绩效是现代图书馆实际提供的服务质量,主要包括两个方面的内容。一是技术质量(取决于信息服务产出或结果),即读者通过接受现代图书馆的信息服务,究竟得到了什么,也就是服务的结果。一般来说,技术质量可以通过某些指标来衡量,如读者到图书馆查阅资料,查到的结果专指度如何,是否符合自己所需。二是功能质量(形成于信息服务过程),即读者是如何得到信息服务的,也就是现代图书馆信息服务的过程。一般来说,功能质量往往只是读者在接受服务过程中的主观感受,如工作人员的态度如何、图书馆的环境设施如何等。读者对信息服务的技术质量和功能质量都很重视,两者合在一起,形成了读者对现代图书馆信息服务质量的评价。

此外,在对现代图书馆开展信息服务绩效测量时,可以综合运用以下几种形式。

第一,过程测量,指对现代图书馆的工作过程和服务过程进行评价。这里所说的“过程”,包括为内部用户提供产品和服务的过程以及为外部用户提供产出的过程。对现代图书馆的工作过程和服务过程进行测量,旨在防患于未然,消除服务质量的隐患。

第二,产出测量,即是对现代图书馆为外部用户和内部用户所提供的信息产品或服务的数量及质量进行评估。产出测量通过把所提供的信息产品或服务与用户的需求进行比较,找出问题和差距。

第三,结果测量。与前两者相比,结果测量有更大的难度,因为它要评价现代图书馆所提供的信息产品和服务对用户的影响程度。

第四节　互联网时代的图书馆信息服务

随着互联网的迅速发展,信息资源越来越丰富,人们的阅读需求、阅读方式以及获取信息的渠道等也都变得多样化。在这一形势下,用户对图书馆的信息服务提出了更高的要求,要求图书馆对自己的信息服务体系进行优化与完善。

一、互联网时代图书馆信息服务的现状

随着信息技术的飞速发展与网络技术环境的逐渐完善,互联网在人们的生活中显得越来越重要,已成为信息知识的主要载体,人们对信息知识的获取也更多地倾向于互联网,信息知识正处于由实体、静态到虚拟、动态的转变过程中。这促使图书馆不得不改变其信息服务方式,即推动信息服务方式逐步向移动化、智能化和多元化发展。

对互联网时代图书馆信息服务的发展现状进行分析可以发现,当前的图书馆日益重视对其原有的信息服务内容进行拓展,重构信息服务模式,将图书馆的信息服务与社会各行各业相融合,通过开展多元化合作,拓展信息服务内容,扩大信息服务的范围,改变信息的存放,提高信息的利用率,也巩固图书馆在社会公共文化服务体系中的地位与作用。

二、互联网时代图书馆信息服务的类型

互联网时代图书馆的信息服务,既包括文献检索服务、信息参考咨询

服务、用户教育传统的信息服务类型,也包括以下几个新的信息服务类型。

(一)网络信息服务

所谓网络信息服务,就是图书馆通过国际互联网络向用户提供各种各样的服务。就当前来说,图书馆的网络信息服务涉及的范围是十分广泛的,有图书馆电子公告、图书馆书目的网络导航、图书馆在线书目查询、图书馆微信平台、移动图书馆等。

(二)网络检索查询服务

在互联网时代,网络信息资源纷繁复杂,信息流量巨大并且流速不断加快,这给人们检索信息带来了一定的困难。为了帮助用户更好、更快、更有针对性地查询自己所需的信息,图书馆必须要提供专门的网络检索查询服务,如为用户开展各类数据库系统的信息检索、通过图书馆内部局域网为信息用户提供数据库检索服务等。

(三)网络文献传递服务

互联网时代图书馆的网络文献传递服务指的是,当用户需要索取文献信息时,只需向图书馆发一封电子邮件就可获得相应的服务。图书馆接收到电子请求后,将各种文献信息以数字形式通过网络传递给用户。

(四)远程咨询服务

对于互联网时代的图书馆来说,远程咨询服务将成为其信息服务的一项重要内容。采用这种信息服务方式,图书馆馆员可以与读者在网上互相交流,通过网络为读者提供咨询、信息反馈等。

(五)网上教学服务

网上教学服务也是现代图书馆信息服务的一个重要类型,即现代图书馆要利用其网络信息资源,就必须开展各种形式的读者教育和培训,让用户了解、认识图书馆所能提供的各种信息服务,同时向用户介绍网络数据库、检索系统、检索工具的使用方法,检索网络信息资源的途径以及选择、评价网络信息资源的常用手段,以增强用户的信息意识,培养用户的信息素养。

就当前来说,网络课堂、在线讲座等是互联网时代图书馆开展网上教学服务的主要形式。

三、互联网时代图书馆信息服务的完善

在互联网时代,全球信息化的迅速崛起给图书馆的信息服务带来了极大的机遇和挑战。在日趋激烈的竞争中,谁把握了信息,谁就能加快发展。为适应21世纪信息社会的需求,图书馆必须要重视对信息服务进行完善。具体而言,促进互联网时代图书馆信息服务完善的措施有以下几个。

(一)树立创新的信息服务理念

在互联网时代,图书馆信息服务理念的滞后将会严重制约图书馆信息服务的质量。因此,为了不断提高信息服务的质量,有效适应不断变化的社会形势,互联网时代的图书馆必须要在信息服务理念上有所突破,具体内容如下。

第一,书是为了用的,互联网时代的图书馆应注意优化馆藏结构,以便在有限的空间范围内为用户提供更有价值的信息。

第二,互联网时代的图书馆必须重视提高信息服务的质量,而高素质的人才是搞好信息服务的保证,因而必须重视对图书馆人才队伍的建设。在这一过程中,图书馆必须重视激发图书馆馆员的工作积极性和主动性,引导其不断拓展知识面、加快知识更新的步伐、培养创新精神和创新能力。

第三,互联网时代图书馆的信息服务必须以用户为中心,即图书馆的资源建设要从用户需求出发,以用户需求为依据去组织信息资源,尽可能地提高用户的满意度。

第四,互联网时代的图书馆必须根据用户需求,不断地组织和更新信息资源,或是开发新的更有效、更人性化的资源,以更好地为用户提供信息服务。

(二)重视信息的开发

在互联网时代,信息开发可以说是对图书馆模式的新要求。一方面,由于体制上的优越性,当代图书馆在文献收藏上几乎达到了垄断;另一方面,由于传统模式在互联网时代受到挑战,因此图书馆模式正在发生一次转变,从优越的文献资源中开发出符合社会需求的各种信息资源是图

书馆的发展方向。事实上,积极对信息进行开发,也是互联网时代的图书馆完善信息服务体系、提高信息服务质量的重要举措。

(三)积极构建智能化信息服务平台

在互联网时代,图书馆必须对其信息服务理念进行重新定位,并重视信息资源的共建共享,逐渐建立和完善图书馆的智能化服务平台,为用户提供更加快捷、高效的信息服务,继而在有效满足广大用户信息服务需要的同时,不断提升信息服务的水平。

目前,国内最主要的两大移动互联网社交分享平台新浪微博和微信在图书馆得到了广泛的应用,图书馆通过这些微阅读平台在线为用户进行专业指导和答疑解惑,以及发布推送的一些热点问题和重要资讯,改变了传统网站发布信息的单一模式,提高了信息服务的广度和高度,符合人们碎片化阅读习惯,方便用户进行个性化选择和利用信息,得到了广大用户的喜爱与关注。

此外,手机信息平台也是图书馆在构建智能化信息平台时不能忽视的一个方面。手机信息平台的利用,能够使图书馆的信息服务进一步延伸、拓展,其信息服务的个性化特征和及时性给图书馆信息服务带来了新的变化,改变了图书馆信息服务的被动性,满足了广大用户对信息资源的需求,也提高了用户对图书馆服务的满意度。

第五章　图书馆文化建设

从更大范围看图书馆,其最大的特色或看点还在于文化,它是一个文化的符号,它是人类文化的汇聚地,它是文化文明的源泉,图书馆事业的发展就是文化事业的兴盛,图书馆文化的发展就是人类文明的前行。在任何时代任何社会,图书馆承担的使命,并不在于简单的书籍收藏与服务,而更在于肩负文化传承与发展的特别重任。在技术日新月异、读者阅读习惯有着重要改变的今天,图书馆更应当加强自身文化建设,在引进先进技术改造自身的同时,更应发扬光大自身已有的文化优势。

第一节　图书馆文化解读

一、图书馆文化的内涵

(一)文化的概念及特征

文化的内涵十分丰富,有狭义和广义之分。狭义文化指的是早期经典学说,广义的文化则指社会和个人在历史上一定的发展水平,它表现为人们进行生活和活动的种种类型和形式,以及人们所创造的物质和精神财富。

文化的内容包括物质文化、精神文化及行为文化。文化主要有以下几个方面的特征。

1. 文化具有象征性

象征性指文化现象总是具有广泛的意义,人们生活于象征性的社会之中,衣、食、住、行都具有象征性。例如,在汉语中,“白”有“一无所有”之意,如一穷二白;白旗又意味着投降。英语中的蓝色,象征的意义较广,一般象征“伤感、沮丧、做不到、魔鬼、性丑闻、贵族”等,大都是贬义的象征。

2. 文化具有传递性

传递性是指文化一经产生就要被他人模仿、效法、利用。传递可以从两个方面实现：纵向传递和横向传递。纵向传递指人们通过多种方式将文化一代一代地传下去，这种传递在社会学上又称为“社会化”。横向传递指文化在不同地域、民族之间的传播。以饮食文化为例，辽代早期正是中原地区的五代时期，与中原各国来往频繁。辽代早期的饮食器具，从器物造型和装饰艺术及工艺看，主要受唐朝文化的影响。金银器中的花瓣口、圆形口、盘状、曲式、海棠形口器，与唐代金银器的圆形、葵形、椭方、海棠、花瓣、菱弧形口有着明显的共性，二者显然有着直接的渊源关系。金银器中的动物纹、植物纹以龙、凤、鸳鸯、摩羯、莲瓣、牡丹卷草居多，植物纹常以缠枝的形式出现，团花装饰为主要特征，这些与唐代金银器都有着十分明显的承继关系。同时，辽代早期的仿皮囊式鸡冠壶是契丹民族典型的饮食器之一，这种造型的器物对唐代金银器的同类器物有很大影响，当为契丹民族文化的冲击所致。由此可见，来自不同地域的食品汇集在人们的日常生活中，构成了饮食文化的横向传递，如同这样的各种文化交流和融合极大地促进了各民族社会的不断发展。

3. 文化的变迁性

通常认为，文化的状态不是静止不动的，而是时刻处于复杂变化之中。大规模文化变迁的发生，可归结于以下三种因素。

（1）自然条件的变化。包括气候变化、自然灾害、资源匮乏、人口变迁。以苏州为例，其自有文字记载以来的历史已有4000多年，苏州城始建于公元前514年，距今已有2500多年的历史。苏州地处温带，属亚热带季风海洋性气候，四季分明，雨量充沛。苏州城目前仍坐落在春秋时代的位置上，基本保持着“水陆并行、河街相邻”的双棋盘格局、“三纵三横一环”的河道水系和“小桥流水、粉墙黛瓦、史迹名园”的独特风貌。苏州堪称一座“园林城市”，环城四周山温水软，周边拥有众多的江南古镇。

（2）不同文化之间的接触。包括不同国家、民族在技术、生活方式、价值观等方面的接触和交流。例如，作为中国与海外各国沟通的桥梁，海上丝绸之路在促进往来贸易的同时，也便利了文化间的交流，沟通了中西方文化。唐朝以后，随着中国瓷器的大量外销，中国开始以“瓷器之国”的美名享誉于世。瓷器不仅仅是一种器皿，在英语中，“中国”（China）与“瓷器”（china）同为一词。多姿多彩的中国瓷器是中华文化对外传播的重要载体，同时也是在海上丝绸之路重要的输出商品，因而海上丝绸之路又有“海上陶瓷之路”的美称。

（3）发明与发现。各种技术的发明、创造，导致人类社会文化的巨大变迁。例如，印刷术的发明与互联网的诞生有些类似，它为15世纪欧洲的信息技术带来革命性变化。在此之前，书籍的复制主要由人工完成，费时且费力，书籍成为一种奢侈品，只有富人才能拥有它。印刷术发明后，书籍的制作变得既快且便宜，可以被大量生产出来。书籍因此获得更大范围的流通，也减少了错误的出现。又如，16世纪快结束的时候，火药革命来临。到这个时代，欧洲与亚洲的军队在运用火药武器方面已经拥有了将近300年的历史，最初，枪炮是军事领域的一个新鲜事物，而此时，它已经成为战场上的主要武器，改变了战争进行的方式。火药革命并不仅仅改变了作战的状况，它还促进了与此密切相关的化学、数学以及机械学的发展，带来了金属铸造方面的进步，从而为现代科学的发展铺平了道路。此外，它还增强了国家的实力。

（二）图书馆文化的概念及特点

图书馆文化是一种组织文化，是以精神文化为核心，伴之以制度文化、物质文化而构成的整体。

图书馆文化有很多特点，主要有以下几个方面。

（1）时代性。图书馆是社会文化的组成部分，社会的发展、时代的进步对图书馆文化具有强烈的制约作用。

（2）继承性。图书馆文化是图书馆员工的共有财富，更是所有员工行为的规范和法则。要想在图书馆中求得发展，就要不断地学习所在馆的文化。新的员工对图书馆文化的不断学习，使得这种文化一代代传下去，从而体现出继承性的特点。

（3）稳定性。图书馆文化是长期形成的，有一个渐进的过程。它一经形成，就具有较强的稳定性。图书馆的传统文化在图书馆中具有很强的力量，如果对之进行变革，不仅需要领导层的大力推进，还需将变革长期坚持下去。

（4）群体性。图书馆文化作为一种员工的共识形成了一种同心协力、奋发向上的图书馆精神，以推动图书馆各项工作的顺利开展。所以说，图书馆文化具有群体性。

（5）开放性。虽然图书馆文化具有稳定性的特征，但又不是一成不变的。当所处的社会环境发生了巨大的变化，图书馆文化所赖以生成的社会文化、社会观念也有了变化，图书馆文化本身也就要进行相应的改变。图书馆要想在现代社会中继续生存下去，必须建立开放型的图书馆文化。

（6）实践性。图书馆文化源于图书馆的日常管理工作，是全体图书馆员工在长期的工作活动中形成并发展起来的。因此，它本身就源于实践。只有能够指导图书馆实践的图书馆文化才是具有实际意义的图书馆文化。

二、图书馆文化的功能

图书馆文化作为一种新的管理方式，有它自己一套自成体系的管理功能。这些管理功能对图书馆事业的发展起到积极的推动作用。图书馆文化的功能总体上有以下几个方面。

（1）教育功能。图书馆文化中的教育功能是在图书馆发展初期，即在书院阶段就已经形成的文化功能，作为一个机构，图书馆不仅仅是留存历史，更重要的是普及教育。

（2）向导功能。图书馆文化是反映图书馆整体的共同追求、共同的价值观和共同的利益，它对图书馆馆员和读者群的思想、行为产生向导作用。

（3）凝聚功能。在特定的文化氛围之下，全体馆员通过自己的切身感受，产生对本职工作的自豪感和使命感，对图书馆的目标、准则和观念的认同感和归属感，馆员把自己的思想、感情、行为与整个图书馆联系起来，使图书馆产生强大的向心力和凝聚力，发挥出整体优势。

（4）约束功能。图书馆文化制约功能主要是指图书馆的规章制度和道德规范。规章制度是对图书馆员工工作行为的一种调控，就是制约。道德规范是对人们由品德所产生行为的约束。

（5）调解功能。图书馆文化能起到优化精简组织机构、简化管理过程的作用，也可以调解人际关系，形成良好的氛围。

（6）竞争功能。图书馆文化是一种共有意识。这种共有意识是产生凝聚力的前提。这种凝聚力产生之后，会促使人们围绕一个目标去奋斗。由于各方面因素的不同，各图书馆的目标必然有一定的差异性，完成任务和实现目标的速度也不同，这本身就是一种竞争。

上述图书馆文化的几个功能，在实际运行中不是单独表现出来的，而是综合地、整体地发挥着作用。

第二节　图书馆文化管理

一、现代图书馆文化管理的内涵

(一)现代图书馆文化管理的概念

所谓图书馆文化管理,就是把文化的功能、规律和特征应用于图书馆管理,通过在图书馆中培养共同的价值观,营造积极的文化氛围,达到以人为本,促进图书馆的协调发展。从外延来看,图书馆文化管理过程主要包括以下两个方面:第一,运用图书馆文化进行管理。第二,图书馆文化建设,即实现图书馆文化管理的具体途径和方法。

(二)图书馆文化管理的构成要素

文化管理是一个由多种因素构成的复杂系统。它的基本要素主要有两项:组织人和组织环境。对图书馆来说,文化管理的基本构成要素就是图书馆员和图书馆文化环境。

1. 图书馆员

图书馆员是指在图书馆活动中从事管理活动以及信息加工、服务、开发研究的所有成员,包括管理主体和管理客体。图书馆的管理主体即图书馆领导。管理客体主要指的是图书馆员工,受图书馆领导的管理,服从领导的决议和指挥。

2. 图书馆文化环境

图书馆文化环境主要是指社会环境以及图书馆内部的各种文化环境。图书馆总是存在于一定的社会政治、经济环境之中,国家的政治经济制度、方针政策、法律法规等直接影响着图书馆的发展。就外部而言,社会文化环境是影响图书馆发展的重要因素。就内部而言,图书馆内部的各种文化环境是图书馆发展的根本。

(三)图书馆文化管理的主要特点

具体而言,图书馆文化管理的主要特点体现在以下几个方面。

1. 重视软要素

图书馆文化管理非常重视软要素，强调图书馆员工的精神状态、文化素养、组织认同感以及团结互助、整体协调的精神；实施全员动员，增强忧患意识，群策群力。

2. 管理模式的多样性

图书馆文化管理以人为管理对象，以特定的文化为管理手段和工具。每个民族和地区都有自己特有的文化传统，这就决定了图书馆文化管理的多样性和独特性。由于地域关系，我国不同的区域，有不同的区域文化，如以省级行政单位划分，就有广东文化、上海文化、齐鲁文化、巴蜀文化等。这些不同的文化类型，是不同区域的社会、政治、经济发展历史与现状的反映，也是不同区域的传统习俗、群体性格、人文精神等内在区域群体心理与素质的反映；不同区域文化塑造了区域经济和政治发展的人文环境和民众精神。区域文化对组织文化的形成将会造成很大影响，最终直接制约文化管理模式的形成，这正是有的地区文化管理比较先进，有的地区比较落后的原因。图书馆文化管理的多样性，使图书馆文化管理呈现出丰富多彩的景象。

3. 重视创新

在信息化背景下，创新的作用得到空前强化，并升华成一种社会主题。同样，创新也是图书馆事业可持续发展的源泉。图书馆文化管理必须牢牢地扎根于馆员的职业技能，只有在巩固提高基础能力和专业能力的前提下，才能真正形成创新的核心竞争力，促进图书馆的发展。

4. 强调可持续发展

可持续发展理论强调发展的可持续性，图书馆自身也需要可持续发展理论的指导。图书馆在实施管理过程中，正确认识自己的能力，抓住机会选择可行的发展战略，把当前利益和长远利益有效地组合起来，从而实现图书馆的生存目标、服务目标和发展目标。

5. 重视学习

学习给图书馆带来利益和机会。图书馆要为馆员营造学习环境，以激发馆员的学习动机及潜能，为共同的理想而奋斗，并通过共同的学习对所服务的图书馆产生归属感，发挥其整体和专业的效果。就图书馆的技术服务方面来说，要想跟得上信息科技的快速进步，唯有建立一个强而有力的学习型组织，积极培养组织成员的学习能力，尽快熟练掌握现代信息技术，使图书馆的整体组织更具灵活应变的能力，使组织更具有竞争力，以应对多变的环境与科技发展。在组织的变革过程中组织领导者除了调整外在的组织架构，还要对组织文化、成员的愿景等给予更多的关怀，积极培养每一个馆员的学习能力和创新能力，以围绕学会学习、学会做事、学会合作、学会发展的四个人才培养目标，重新培训或加强实践，从而使图书馆组织的变革变得较为顺畅，所得的效果也将更为显著。

另外，图书馆文化管理还有其他特征，如强调团队精神的形成、重视信息的有效管理、注重多元文化的作用，等等。

二、图书馆文化管理蕴含的主要原理

图书馆文化管理思想原理，对于现实的图书馆管理具有指导作用，是图书馆进行管理的依据。图书馆文化管理思想原理主要有人本思想原理、美学原理、伦理学原理。

（一）人本思想原理

人本原理是文化管理的一个重要的理论基础，它强调在图书馆管理活动中，坚持一切从人出发，以调动和激发人的积极性和创造性为根本手段，以提高管理效率和促进人的不断发展为目的。

在图书馆管理中贯彻人本原理，应做到以下几点。第一，图书馆领导层要对人的本性科学有正确的认识。从人本原理看，图书馆管理主要是馆长、书记、主任等对普通馆员及读者的管理。在建立管理制度、指定管理措施时，必须对人的本性有一个准确而全面的认识。这样能使制定的管理制度有较强的针对性。第二，在管理中正确运用激励机制，能够调动馆员和读者的积极性，从而促使工作效率提高。管理者要认识到被管理者的需要，从促进人对需要的满足来实现对人的管理。第三，在管理中重视人的精神、价值观和政治思想的作用。图书馆应加强思想政治工作，使图书馆组织有明确的追求目标，从而形成良好的价值观和强大的精神凝聚力。第四，注重组织环境，创造发挥人的聪明才智的机制。要想提高图书馆管理水平，增强图书馆系统的活力，创造使人的能力和聪明才智得到充分发挥的机制和环境是必要的。

（二）美学原理

人文主义的管理学认为，管理不单是一门科学，更是一种艺术。马斯洛认为，人的自我实现过程就是人追求美、实现美的过程。美作为人的一种高层次追求，在管理活动中得到充分的肯定和运用。文化管理中美学原理的应用主要有以下几点。

（1）管理的艺术化。管理活动要强调科学性与实践的灵活性的和谐统一，而人的创造力和管理的艺术美就是实现科学性与灵活性和谐统一的催化剂。

（2）管理结构的和谐美。所谓管理结构就是管理活动中各个要素的排列组合。管理结构的和谐美主要体现在两个方面：一是组织外在的和谐美，包括在社会制度和社会体制的构建中，追求公平和正义、公平和效率的和谐统一，权力平等、机会均等，以及信息资源的合理分配等；二是组织内在的和谐美，即管理的各个环节的完整和有序，决策、领导、控制、创新等各个部分按照管理的规律协调运行；管理者和被管理者之间的相互尊重，相互支持。

（3）管理行为的情感化。情感是人特有的心理行为。管理行为中情感具有很强的感染力，是组织目标实现的重要条件，是凝聚人心的力量。

（4）管理者的审美修养。管理者作为管理活动的发动者、组织者、领导者和评价者，按照自己的某种尺度来控制整个管理活动。因此，加强管理者的审美修养，不仅是社会对管理者的客观要求，更是管理者提高自身能力的重要途径。

从图书馆工作特点和性质出发，把图书馆管理美学概括为组织美学和服务美学两个方面。

图书馆组织美源于图书馆的基本社会职能：文献信息流整序。馆员在文献采集阶段要求采购文献不仅内容健康向上，反映馆藏特点，而且外观设计精美规范，方便读者使用。

图书馆的服务美有其明显的特征。服务是图书馆的使命，图书馆的服务是图书馆活动中最重要的因素，而服务中能充分体现图书馆员的语言美、仪表美、素养美等。

（三）伦理学原理

伦理学原理主要研究在管理活动中管理者的制度和规范，被管理者的制度和规范，管理者和被管理者之间的相互关系和规范。在图书馆的管理活动中，伦理管理的核心手段主要体现在以下几个方面。

（1）尊重和欣赏。尊重和欣赏馆员是激发馆员积极性和创造性的无成本手段。尊重就是管理，体现了对馆员的关怀，也使得馆员对读者的服务更有激情。尊重和欣赏每一位馆员，赏识、鼓励、调动馆员的创造性、主动性，注重和发现馆员的微小思想创新和技术创新。

（2）公正和公平。在图书馆的管理层面，应建立一个公正、公平的人员评价系统，设计一个科学、简捷、易操作的评价指标，在分配奖惩制度上追求调动大多数人的积极性。这是伦理管理成功的关键。

（3）发挥管理者的人格道德。管理者的人格道德力量是图书馆管理最为直接的影响力和感召力。图书馆员的道德规范的执行程度取决于管理者的人格道德力量的强弱。因此管理者具备的公平、公正、民主的伦理素质是图书馆文化管理的基础和保障。

三、图书馆文化管理层次

图书馆文化是一个有层次结构的理论体系，是以精神文化为核心，伴之以制度文化、物质文化而构成的整体。

（一）图书馆精神文化管理

图书馆精神文化主要指图书馆员应共同信守的基本信念、管价值观念、职业道德及精神风貌等，它是图书馆文化的核心和灵魂，是形成图书馆文化的物质层和制度层的思想基础，包括图书馆目标、馆员的价值观念、道德规范、行为准则等方面的内容。图书馆精神文化是图书馆在实践中，受一定的社会文化背景、意识形态影响而长期形成的一种精神成果和文化观念，是图书馆意识形态的总和。图书馆精神文化是相对于物质文化而提出的，是一种更深层次的文化现象。图书馆精神文化的内容十分丰富，包括图书馆哲学、图书馆价值、图书馆职业精神、图书馆道德、图书馆礼仪、图书馆形象、图书馆风尚等无形的意识形态及与之相应的文化结构。

图书馆精神文化管理创新要注重的是服务创新、观念创新、形象创新。

（1）服务创新。在现实工作中，图书馆人要从图书馆实际出发，从读者愿望出发，想方设法改革传统服务方式，大胆创新，适应时代要求，开发受读者欢迎的服务项目和服务方式。

（2）观念创新。第一，加强宣传力度，扩大图书馆知名度。第二，树立以读者为本的服务理念，更新服务观念，创新服务制度。第三，努力开展图书馆与社区、农村、弱势群体的联系，充分发挥图书馆的社会职能。第四，创立平等沟通的新理念。在基于网络的沟通平台上，馆员对业务建设、员工福利、业余文化生活以及建章立制等方面，积极地建言献策，实现了真正意义上的群策群力。这样的沟通不仅会使决策结果更为合理，而且也是一种实现馆员智力资本的重要途径。

（3）形象创新。第一，重视发展公共关系，塑造完美形象。塑造图书馆形象是图书馆公共关系工作中最根本的任务。第二，同心同德，以诚相待，塑造诚信形象。图书馆只有把诚信文化的建设做到自动自觉，才能使图书馆赢得良好的社会声誉和发展环境。第三，积极开展学术活动，创新学术氛围，树立学术型图书馆的形象。图书馆只有积极开展学术研究，才能适应科学、社会与经济的发展。

（二）图书馆制度文化管理

文化是一种社会交流和社会传递，它通过特别方式的约定被社会成员共同获得。这种获得共同文化的约定其实就是文化得以交流和传递的制度文化。图书馆制度文化是图书馆文化的一个组成部分，既是图书馆物质文化的工具，又是精神文化的产物，共同构成图书馆馆员行为与活动的行为准则。它包括图书馆的组织方式、管理方法和各项规章制度，它是塑造和延伸图书馆文化的有力手段和坚实保证。

构建图书馆制度文化，第一，要培育图书馆精神。如果没有图书馆精神来约束员工的思想道德，图书馆就无法建立起共同的价值体系和道德规范，就不可能把制度自觉转化为行为准则。第二，宣传图书馆制度。利用报纸、广播、电视、宣传栏、宣传册、展览、网页等形式对图书馆制度进行宣传，教育、引导馆员对制度的理解、认同和接受。第三，馆员多重互动。馆员的互动是通过日常的人际交往实现的，而新老馆员的交流过程就是价值观和行为方式的传递过程，也就是图书馆制度文化的传递过程。

（三）图书馆物质文化管理

图书馆物质文化具体包括以下文化现象：图书馆馆舍、图书馆馆藏、图书馆设备等所包含的文化现象。

建设图书馆物质文化，可从以下几点入手。

（1）积极争取馆舍文化建设的发言权，主导图书馆外部文化。虽然图书馆是政府投资兴建的公益性建筑物，但是也应在一定范围内征求图书馆的建议。图书馆人要抓住这一有限的话语权，对图书馆馆舍建筑的细节（包括选址、建筑风格等）进行充分的研究，为领导拿出令人信服的证据，进而影响政府决策。同时，作为文化标志，它要在外部环境上成为周围城市环境的主角，图书馆所处的环境应该与图书馆体现的文化气息相一致。在法国，作为十大总统工程标志性极强的密特朗国家图书馆坐落在巴黎塞纳河畔的右岸，它以四幢直插云霄、相向而立、形如打开的书本似的钢化玻璃结构的大厦为主体，四座大厦之间由一块足有八个足球场大的木地板广场连接。这四座巍峨的玻璃高楼没有围墙，也没有大门，阅览室在地下，需要乘露天电梯向下走才能抵达阅览区。在阅览区内，读者可以看到整个建筑群内浓密的树林。这种设计的出发点是要让读者在看书时，恍如置身于郁郁葱葱的森林中一般，创造出理想的阅读环境。这片树林与阅览室之间用玻璃相隔，强化了这座图书馆建筑高度抽象化的特色。密特朗国家图书馆体现了建筑艺术与高新技术应用的完美结合，它不仅实现了高度的自动化、智能化和数字化，而且蕴含了丰富的哲学内涵和高尚的文化品位。

（2）建设以人为本的图书馆内部环境文化。图书馆文化建设必须结合本馆实际，重视外在物质形态建设，以外在载体的折射让人感知到，才能发挥图书馆文化的感染力。加强图书馆人文景观建设，突出图书馆个性特色，给人以整洁大方肃穆庄严之感。图书馆内部环境要注重细节，能够使图书馆的每个角落散发文化气息，还要充分考虑不同年龄、不同健康状况到馆读者的诉求。比如，设定残疾人通道、建立盲人阅览室、为残疾人和老年读者安排舒适的专门桌椅、为儿童读者设定一些游戏空间，都能体现一个图书馆的人文关怀气息。

此外，还要注意为图书馆员建立良好的内部环境。比如，设立馆员休息室、工作时段间隔的茶歇以及馆员基本的物质需求等。

（3）打造图书馆一流设备，服务读者不同需求。图书馆设备的易用性是设备文化的重要标志。在有限的经费安排下，图书馆要力求购置先进的仪器设备满足读者的需要，尽可能按照一定的期限维护更新。在设备购置、安装和使用中要力求以读者健康为准则，力求为读者提供易用、环保产品。

通常使用的桌椅板凳、书架书立在材料上要选用环保材质，在设计上要尽量考虑人体工效学，尽量使书架安放的高度、空间有益于不同层面的读者，如成人、儿童和馆员的使用。

随着计算机设备价格不断下降以及设计更加注重环保，图书馆要尽量更换更加环保的产品（如液晶显示器），并在计算机数量比较多的场所放置降低辐射的植被。要尽量利用先进设备方便读者使用图书馆，如自助图书借还系统的使用。

随着社会主义市场经济的发展，图书馆要想在竞争中占据有利地位，赢得广大读者喜爱，就必须努力建设图书馆物质文化，在广大读者中树立自己良好的形象和信誉,处理好与读者之间的关系,得到他们的支持与协作,这是成为一个成功的图书馆的重要方式。

第三节　知识管理与图书馆文化创新

伴随着21世纪的到来,世界经济模式已经悄然从200多年来占据统治地位的工业经济转变为知识经济。当知识成为经济增长的主导要素时,知识的积累与获得也就成了经济增长的关键。学习是人们获取知识的主要途径。在知识经济时代,学习的重要性就更加凸显出来。创新是知识经济时代的另一个重要特点。学习只能填补知识,但要想将知识转化为生产力,就要靠知识的创新来实现。图书馆作为知识信息资源管理的重要部门,如何最大限度地收集、获取、利用、传播和挖掘知识,营造知识管理环境,提供有效的知识共享平台,建立新的知识管理体系,开展创新服务,是当前迫切需要解决的问题。在图书馆文化建设中引入知识管理,必须创建图书馆知识管理体制,对知识管理服务内容和服务方式进行创新。

一、知识管理的概念

知识管理是知识经济时代的一种全新的管理模式。知识管理一词,有人说最早来自于彼得·德鲁克的一句话,也有人说由美国麻省莱克星顿著名的恩图维星国际咨询公司于20世纪90年代初首次提出的。知识管理是一个发展中的概念,至今仍没有一个公认的准确定义。即便如此,一般人都认可的是,知识管理更倾向于知识共享、信息系统、组织学习、智力资本管理、绩效管理和加强,强调了以知识为核心和充分发挥知识的作用。

其实知识管理是一种适应性很强的管理理论和方法,它不仅适用于企业,同样适用于与社会经济环境和科学技术发展有着密切联系的现代图书馆事业。因为,知识是图书馆生存的根本,也是图书馆存储信息的永恒主题。图书馆是国家知识基础设施的重要组成部分。发展知识经济就必须加强国家知识基础设施的建设。而且,图书馆具有知识管理的优势。图书馆不仅拥有大量的知识资源,还拥有具备职业技能的馆员,图书馆具有实施知识管理的可行性。

二、图书馆知识管理的内涵

（一）图书馆知识管理的概念和特点

图书馆知识管理是图书馆为提高服务竞争能力而对显性知识和隐性知识的搜集、整理、加工、存储，使知识资源得到最大程度利用的过程。

图书馆知识管理思想是一种全新的管理思想，它不仅继承了人本管理思想的精髓，又结合了知识管理的新形式，对图书馆传统的管理模式予以创新。其特点可归纳为以下几个方面。

（1）知识管理是以人为本理念的集中体现，将更加重视人的作用和发展。

（2）知识管理更加强调知识资产的重要性，知识资源将作为管理的核心。

（3）在信息技术快速发展的现代，促进人与技术的结合是图书馆知识管理的重要任务之一。不论是纸质馆藏的信息化管理，还是数字图书馆的迅猛发展，都离不开信息技术。图书馆员工直接接触信息技术并将其应用在工作实践中。

（4）在图书馆管理中注重组织集体知识的共享与创新。图书馆知识管理不仅是对知识的收集、存储、整理与传递，进行机械式的管理，更要把握知识间、知识与用户间的相互关系，创造新知识去满足社会发展和用户对信息知识的需要。

（二）图书馆知识管理的内容

图书馆知识管理的内容包括两个方面：一是知识资源管理，它属于“科学的知识管理”范畴，通过对文献信息资源的知识管理来提升图书馆的服务效益；二是知识组织管理，它属于“组织的知识管理”范畴，类似于目前企业实践的知识管理，主要目标是提高图书馆自身管理效率。

三、图书馆知识管理与图书馆文化创新的内在联系

（一）图书馆知识管理与图书馆文化创新的根本目标

图书馆知识管理与图书馆文化创新的根本目标是相同的，二者都是

图书馆为了适应环境变化的需要，通过管理理念和管理模式的变革，来努力提高图书馆应变能力和创新能力，从而促成图书馆管理目标的实现。知识管理和图书馆文化同时贯穿于整个现代图书馆管理活动中，对图书馆自身增强竞争、提高绩效起到相辅相成的作用。图书馆知识管理从注重体现人的智力素质和实际解决问题的能力角度，加强对图书馆内外人员所拥有的专业知识、工作经验、技术专长等进行整合及开发利用，充分挖掘人的各种潜能；图书馆文化从人性化的层面，强调从情感激励、道德感化、人际互动等方面加强图书馆的管理。

（二）图书馆文化对知识管理的影响作用

图书馆文化对于促进分享知识、学习知识和创造知识具有至关重要的影响，而建立有利于图书馆知识管理的图书馆文化对落实知识管理目标十分重要。图书馆文化主要通过以下两大方面影响知识管理。

1. 图书馆文化诸要素对知识管理的影响

知识来源于人的认识，而认识过程则涉及价值观、信息、思维方式、习俗等文化因素。其中，图书馆价值观是整个图书文化系统，乃至整个图书馆的运行、管理和日常工作的文化核心，是图书馆组织一切活动的总原则，它能引导图书馆内部所有成员达成一种共识，使全体馆员形成共同价值评判标准，遵循共同的信念去从事图书馆活动，去规范图书馆内部人员的行为。对图书馆而言，组织的创新及文化特征都以价值观为源泉。信息观是指人们对信息取向的理念与态度。处于信息社会中的图书馆，它的发展必然需要信息的支撑。而图书馆成员的信息观则是影响图书馆信息获取、传递的一个基本因素：不同的信息观往往决定人们不同的信息行为，良好的信息观将会极大地增强图书馆馆员之间的知识交流、共享意愿。

2. 知识管理的各个环节对图书馆文化的依赖

知识管理的过程可分为知识生产、知识识别、知识收集、知识表示与存储、知识共享、知识应用、知识创新。这些环节都依赖于图书馆文化的引导、熏陶、推动等。

（三）知识管理对图书馆文化的影响作用

图书馆文化是随着图书馆的发展形成的，它也应该随着图书馆的发展而不断创新，而图书馆的发展离不开管理。如今，知识管理已成为一种具有自身发展规律和特点的新的管理范式，它在图书馆领域的逐渐演变过程足以对图书馆的核心价值观以及行为、制度文化等产生深刻影响。

（1）以知识为核心的知识管理对图书馆核心价值观念的影响。知识生产的主体是人，而大量的知识主要存在于人的大脑中，所以，知识管理更强调对"人"的隐性知识的管理。围绕着以知识为中心的新的观念、新的管理方法、新的价值取向逐步渗透在图书馆的管理服务理念之中并被广大员工接受认同，这就形成了以知识为核心的图书馆核心价值观，它同时赋予图书馆文化新的内涵。

（2）以创新为特征的知识管理对图书馆文化的影响。在知识经济时代，图书馆要想在激烈的竞争中保持自己不可动摇的地位，无论是在技术方面，还是在组织结构方面，或是思维方式和行为方式方面，创新都必须放在第一位。从某种意义上来说，图书馆知识管理本身就暗含对图书馆文化的创新要求。

（3）以加强知识交流和共享为基础的知识管理对图书馆文化的影响。知识只有在交流中才能得到发展，只有在流动和共享的基础上才能产生新的知识，实现创新。知识管理背景下，图书馆内部应建立知识交流和共享体系，要求员工们必须具备知识共享的意识，加强图书馆内部各群体目标的协作与配合。

第六章　高校图书馆社会化服务及其实现

目前,美国、日本、澳大利亚等国的大学图书馆一般都既履行其大学图书馆的职能,又履行公共图书馆的职能,为社会服务。我国上海的某些高校图书馆及香港科技大学图书馆等也都面向公众开放。在大力倡导高校图书馆信息服务社会化的今天,众多高校图书馆理应摒弃只为教学和科研服务的本位主义,走出校门,充分利用自己的优势,与其他系统图书馆一起,建立地区文献资源信息共享网,逐步实现向社区及社会公众开放,实现资源高效利用与共享,开展社会化服务,满足人们终身教育的需求。

第一节　高校图书馆社会化服务的概念和依据

一、高校图书馆社会化服务的概念

高校图书馆社会化服务的含义可以理解为高校图书馆根据自身所具备的资源和能力,在保证满足本校师生教学科研等正常需求的前提下,通过传统和网络途径,向广大社会用户开放,并为其提供高校图书馆力所能及的信息服务,最终实现高校图书馆的社会价值。

从世界范围来看,一些发达国家高校图书馆的社会化服务工作比较成熟且达到了较高水平。例如,美国几乎所有的高校图书馆都向校外公众免费开放,出入不需出示任何身份证件,高校图书馆被读者誉为高校里的“公共图书馆”。2002 年,我国教育部修订的《普通高等学校图书馆规程》第二十一条指出,“有条件的高等学校图书馆应尽可能向社会读者和社区读者开放”。《国家“十一五”时期文化发展规划纲要》中提出:“机关、企业、学校的文化设施要尽可能向社会开放,积极开展文化服务。”这就明确了高校图书馆应当在为本校师生服务的基础上,面向社会开展文献信息资源利用方面的服务。

高校图书馆拥有社会读者需要的海量信息资源和专业的学科馆员，能够满足社会读者对信息资源的需要，有利于社会的和谐发展。

二、高校图书馆社会化服务的依据

近年来，许多高校图书馆开始社会化服务工作的探索和尝试，但目前还没有高校图书馆社会化服务的具体政策和法律。一些政策导向、行业协会的相关条例和规程，社会呼吁，用户需求，以及高校图书馆自身需要，成为高校图书馆社会化服务的依据。

（一）政策导向

从 20 世纪 80 年代起，图书馆界开始讨论高校图书馆向社会开放的话题。1985 年，中宣部、文化部、国家教委、中国科学院四部委召开全国图书馆工作会议，会议广泛听取了各系统图书馆工作者的意见。经过多次修改，《关于改进和加强图书馆工作的报告》（以下简称《报告》）于 1987 年正式发布。《报告》提出了各类型图书馆向社会开放的理念。在要求公共图书馆提高开放程度的同时，《报告》也明确指出："其他各类型的图书馆，也要创造条件，使他们按照图书馆的性质和特点，进一步向社会开放"。这是国内可以考证的、较早提出专业图书馆向社会开放的文件，为高校图书馆向社会开放提供了政策依据。

1987 年，国家教委在 1981 年《中华人民共和国学校图书馆工作条例》基础上制定了《普通高等学校图书馆规程》（以下简称旧《规程》），之后又在国家教委内部设立了专门负责全国高校图书馆工作的职能机构。

2002 年，北京市第十一届人民代表大会常务委员会第三十五次会议通过了《北京市图书馆条例》。该条例第十条明确指出，"本市鼓励学校、科研机构及社会团体、事业单位的图书馆（室）向社会开放"。该条例是我国第一部综合性的图书馆法规，因此，在综合性法规中提到学校图书馆社会化的问题尚属首次。2002 年 11 月 18 日，上海市政府对 1996 年发布的《上海市公共图书馆管理办法》进行了修订，并于 2004 年 6 月 24 日发布。浙江、山东、河南、深圳、广西、内蒙古、湖北等也都出台了相应的图书馆管理条例和办法。这些管理办法分别从公共图书馆建设与经费、公共图书馆服务与读者权益、文献信息资源及工作人员等方面进行了说明和规定，其中"应当拓展服务领域和服务功能，采取多种服务方式提高文献信息资源利用率，为当地经济社会发展和科学研究提供服务。公共图书馆应当开展送图书下乡活动，为农村、农民提供科技文化服务"等内容为高校图书馆社会化服务提供了理论参考。

2017 年,《中华人民共和国公共图书馆法》经全国人大常委会表决通过,于 2018 年 1 月 1 日起正式施行,该文件指出,“支持学校图书馆、科研机构图书馆以及其他类型图书馆向社会公众开放”。该法首次从法律层面对高校图书馆面向社会开放提供了法律依据。然从实践来看,高校图书馆面向社会开放还存在法律法规尚未体系化、财政支持政策不明确、行政管理体制不畅、内部管理制度不适等问题。因此,要克服上述问题,还需不断加强高校图书馆面向社会开放的各项问题的研究,以期实现新的突破。

综观高校图书馆社会化服务比较成功的美国、日本、加拿大、德国、英国等国家,无一例外地都有一系列法律法规给予保障,并适时修订和补充,以法制来规范高校图书馆社会化服务。

(二)行业协会的相关条例和规程

有关行业协会的条例法规主要包括国际图联、中国图书馆学会及各分会、各种图书馆联盟提出的相关条例。

1994 年 10 月 29 日,国际图联和联合国教科文组织联合发布《公共图书馆宣言》,1972 年修订。该宣言指出,“每一个人都有平等享受公共图书馆服务的权利,而不受年龄、种族、性别、宗教信仰、国籍、语言或社会地位的限制。”

2013 年 8 月 16 日,国际图联理事会于 2013 年 8 月 16 日在新加坡批准《国际图联关于图书馆与发展的宣言》。该宣言指出:“获取信息是一项基本人权……图书馆工作有效地在不同的情况下,为许多不同的利益相关者群体服务。”可以看出,该宣言为高校图书馆开展社会化服务提供了全新的理念。

2005 年 7 月 8 日,在武汉大学举办的“数字时代图书馆合作与服务创新”国际研讨会上,“中国大学图书馆馆长论坛”的 50 余所高等院校图书馆的馆长签署了《图书馆合作与信息资源共享武汉宣言》,提出高校图书馆的资源应在满足本校读者需求的前提下,努力向社会开放。

2008 年中国图书馆学会发布的《图书馆服务宣言》中指出,各级各类图书馆共同构成图书馆体系,加强协调与合作,保障全体社会成员普遍均等地享有图书馆服务。

2010 年 12 月,浙江省教育厅宣布,容量超百万册的浙江省高校数字图书馆正式开放。

2012 年 3 月,首都图书馆联盟正式成立,联盟成立伊始,便推出了十项惠民措施，如联盟内的通借通还、资源共享；搭建统一服务平台、提供联合参考咨询；开展讲座、展览、流动书车等活动；建立统一的调集书库，实现文献互补；将每年9月的第一周确定为“首都读者周”等。此外，北京大学、清华大学等34所高校的图书馆将向社会免费开放。首都图书馆联盟的成立，打破图书馆界的系统限制，为社会化服务提供一定的实施保障；以区域为单位，开展全面的社会化服务；为高校图书馆打开了与其他各类型图书馆开展合作的通道，使高校图书馆开展广泛的、深层次的社会化服务成为可能。

2017年4月，北京高校面向北京中小学参观开放的名单发布，北京大学图书馆、北京工业大学图书馆等48所高校图书馆开放。一些图书馆还为中小学生设计了有针对性的文化佐餐。比如，北京联合大学生物化学工程学院图书馆开放备注里特别提示“还可以参观学院北京市重点实验室等”。

（三）社会呼吁

早在17世纪，德国著名的图书馆学家诺德就提出，“图书馆不应只为特殊阶层服务，应该向一切愿意来图书馆学习的人开放。”西方一些国家的高校图书馆，已经成为社会公众学习、研究和生活的有力帮手。在国内，很多高校图书馆支持向社会开放。1986年《光明日报》发表了全国政协委员李希泌、上海图书馆副馆长吴建中的呼吁，要求高校图书馆向社会开放。接着《光明日报》又发表了《发挥高等学校的社会智囊功能》一文，强调高等学校对社会开放，要求改变“高校图书馆、资料室传统的封闭式的私家书斋性质，使之变成向社会传递科学信息，进行智力交流和参考咨询服务的开放系统”，把高校办成社会的信息中心，知识中心，教育和科学中心。

21世纪，首都师范大学图书馆前馆长胡越也非常支持高校图书馆社会化服务，他认为，大学图书馆是图书馆大家族中重要的一员，应该为社会公众服务。

在很多人看来，高校图书馆既然是国家花钱建的，就应该向公众开放。但高校内部对此却有着不同的声音。“给学校和学生留点儿安静空间”“市民的文化生活应该由政府保障，高校图书馆的书未必符合市民需求”“图书馆在学校也属于紧张资源，更不要说服务社会”等观点成为网友反对高校图书馆向社会开放的代表性意见。

南京大学的陈骏也指出，高校图书馆应该向公众开放，让更多的人享受到知识的资源。不过，高校图书馆究竟该如何开放，还应当建立开放的机制，毕竟首先还是要保证在校学生的阅读。就此，陈骏认为，高校的图书馆可以设立一个固定的开放时间，在这个时段内，向社会公众免费开放。毋庸置疑，学校图书馆对外免费开放的初衷是好的。2017年11月，北京青年报评论文章《大学图书馆对外开放大有可为》就指出，学校图书馆对外免费开放，能避免资源闲置，有利于资源共享，也能体现高校有容乃大的气度，是利民、惠民之举，能让大学为社会作更多贡献。但主要问题是如何开放才能避免打乱正常的校园管理秩序。

(四)用户需求

高校图书馆是学校教学、科研、生产的重要场所。走进大学图书馆学习、阅读、为自身充电，是社会公众向往的。高校图书馆作为社会文化资源中的重要成员，理应承担全面开放的义务和责任，高校不仅要生产知识，培养专业性人才，还要承担起知识传承、社会教育的义务和责任。

(五)自身需要

高校图书馆面向社会开放，具有广泛的社会效益。

第一，为社会提供更大的学习平台。

第二，弘扬民族的先进文化。

第三，实现信息资源效率最大化。

第四，高校图书馆通过社会化服务可以扩大自己在社会上的影响力。通过对社会公众的服务让更多的人了解高校图书馆，通过较好的服务水平赢得社会公众的认可和支持。

第二节　高校图书馆社会化服务的历史渊源

高校图书馆社会化服务并不是与生俱来的，是在高校教育理念不断改变、教育实践不断发展的基础上，以及图书馆服务功能不断改进和服务手段不断提高的前提下，是在全社会信息需求和知识需求日益迫切的形势下不断发展而来的。

一、西方高校图书馆社会化服务的历史发展

（一）早期的大学图书馆发展及社会化服务

西方图书馆社会化服务是随着大学及大学图书馆的出现和不断发展而逐渐发展的。

西方的图书馆发源于两河流域的古代巴比伦王国。在奴隶制时代，古代埃及、希腊和罗马的图书馆已经很活跃。早在公元前290年，埃及出现了举世闻名的“亚历山大图书馆”，当时它的藏书量已达到几十万册。在古希腊，许多著名的学者都建立了私人图书馆，亚里士多德是希腊最早建立图书馆的人。狄奥多西二世统治时期（406—450），君士坦丁堡的哲学学院图书馆建立。这所学校在此后数世纪一直存在，尤其在查士丁古一世统治时期大为兴盛。大约在公元850年，君士坦丁堡大学建成，不久成为近东最有影响的学府，这所大学的图书馆也逐渐发展，对9—11世纪的拜占庭文化的发展起了相当大的作用。

10世纪的意大利经济较为发达，出现世俗学校。1158年，博洛尼亚法律学校由皇帝腓特烈批准改为大学，成为欧洲第一所大学。到13—14世纪，意大利已有大学18所。其他国家著名大学有牛津大学（1168）、剑桥大学（1280）、巴黎大学（1200）等。最初的大学不设图书馆。教授有自己的藏书的，学生不是向老师借书，就是向书商买书。

牛津大学最先在14世纪或稍后建立了一些学院图书馆包括大学学院、巴里尔学院图书馆等。剑桥大学的图书馆以彭布罗克学院图书馆（1347）为始，相继在各院设置图书馆，1415年建立了中心图书馆。巴黎大学索邦学院享有盛名，该院图书馆由索邦于1250年捐建，其他学院图书馆14世纪陆续建立。此外，在德国、西班牙、瑞典、奥地利均有大学图书馆出现。早期的大学图书馆藏书数量不多，主要来源为社会捐赠或寺院。例如，剑桥大学彼得学院图书馆1418年仅藏书380卷，在该校各院图书馆中已居前列。学院图书馆藏书内容最初一般以神学为主，后陆续增添哲学、数学、医学、天文学及法学书籍。大学图书馆工作人员一般为教师及学生兼任，馆内管理方式大体与修道院相同。图书的排列和组织以课程划分为标准，有的馆已编制了目录，索邦学院图书馆还编制了联合目录。大学图书馆服务对象为广大师生，图书使用率远远高于修道院图书馆。这些大学图书馆的出现促使了修道院图书馆的进一步衰落，有助于文艺复兴运动的兴起。文艺复兴时期，欧洲大学图书馆也得到较快发

展,许多图书馆有了专业管理人员,搜集图书的渠道也得到扩展,藏书量也大量增加。这些大学图书馆和大学一起在文艺复兴运动中随着人文主义的发展而向近代图书馆发展。

早期的大学图书馆的藏书来源,不像修道院图书馆那样依靠抄写,而大部分是来自捐赠。

一般来说,早期的大学图书馆是从修道院图书馆派生出来的,两者在许多方面有相似之处。但有一点区别,即修道院图书馆的重点在于保存图书,而大学图书馆则侧重于利用图书。大学图书馆是为培养和造就数以千计的学生服务的。

美国在殖民地时期已经建立了若干大学,如哈佛大学、耶鲁大学等。其中,1638 年建立的哈佛大学图书馆是美国最早的图书馆。以后一些大学陆续建立了图书馆。耶鲁、布朗、达特默思、威廉与玛利、吉林斯顿、国王学院(今哥伦比亚大学)和女王学院(今新泽西州立大学)等七所学院,都是在美国革命前的殖民地时期建立的。在它们的早期历史上都有图书馆。进入 19 世纪以后,又新建了许多大学,如哥伦比亚大学、宾夕法尼亚大学、普林斯顿大学等。但是,建校初期大学图书馆的馆藏比较贫乏,也没有专职的图书管理员。大约从 19 世纪下半叶起,美国的大学图书馆开始走向近代化。

英国古老的大学图书馆经过几百年的经营,发展成为几百万册藏书的大图书馆。19 世纪后半叶,德国大学图书馆的藏书量大幅度增长,除了大学总馆,各院系、各科系的图书馆也有所增加。

(二)近现代高校图书馆社会化服务发展

19 世纪后期到 20 世纪中后期,西方高校图书馆社会化服务进入实质性的实施阶段,服务范围逐渐扩展,服务内容逐渐增多,服务手段逐渐深化、改进。这里重点讲馆际互借。到了近代,随着读者需求的多样化和文献量的增加,馆际互借在各国广泛开展起来。馆际互借从不固定的形式逐步发展为有组织的、有明文规定的制度,从国内的互借发展成为国际的互借,而互借手段也逐渐现代化,从出借原书发展到出借原书的复制件,甚至利用电子计算机进行外借工作。

虽然电子文献传递是网络环境下图书馆馆际互借与文献传递服务的主要发展趋势,但现在受到网络传输质量、出版物仍以印刷型为主、文献传递费用仍较昂贵以及用户与图书馆员的习惯等因素的限制仍然不普及。因此目前图书馆馆际互借的一个总体现状是电子化文献全文传递与经过改进的传统馆际互借两种服务方式并存,而且传统的馆际互借方式在相当长的一段时间内仍然存在并发挥重要作用。

二、我国高校图书馆社会化服务的历史发展

(一)我国近现代高校图书馆的发展历程及服务方式的转型

近现代中国社会转型肩负着由农业社会向工业社会和知识社会转换的双重任务,图书馆在社会发展、文化传承、国民教育、经济增长与政治民主中发挥着至关重要的作用。国门洞开之后,西方传教士在华活动日益频繁,他们创办的教堂或教会学堂从沿海地区向内地迅速扩展,这些教堂或教会学堂通常附设简单的图书收藏室。1847 年,法国耶稣会传教士在徐家汇创办"徐家汇藏书楼",这是上海最早出现的具有近代图书馆性质的新型藏书楼。

19 世纪末以来,清政府逐步允许各级政府和社会力量兴办学堂,从而开创近代学校图书馆发展的新时代。1879 年,外国教会在上海创办圣约翰大学,这是完全按照西方大学模式设立的第一所近现代意义上的大学。1895 年,我国近代史上第一所官办大学天津北洋西学学堂宣告成立。1898 年,京师大学堂成立,这标志着近代中国高等教育翻开崭新一页。高等教育的蓬勃发展,促使大学藏书楼/图书馆迅速兴起。随后,清政府创办了一批官办大学,民国时期,出现了一系列国立大学及其他省立大学与市立大学。随之,相应的大学图书馆也纷纷问世,组成我国的学校图书馆体系。

19 世纪末到 20 世纪初期的高校图书馆,由于大多处于初建和完善期,其服务的对象主要是本校的师生,服务的内容包括文献借阅、宣传导读、编印专题资料和参考咨询等。涉及的社会化服务,主要形式还是馆际互借,其他方式比较少见。

(二)20 世纪 50 年代以来高校图书馆发展及社会化服务

20 世纪 50 年代初期,我国政府接管了高校图书馆,并进行整顿、改造、调整,充实了藏书。

1978 年 8 月,为整顿和加强图书馆工作,教育部颁布了《关于加强高校图书馆资料工作的意见》。这一时期全国高校图书馆增加到 598 所,藏书在 100 万册以上的高校图书馆达 35 所。

1981 年 9 月,教育部召开全国高校图书馆工作会议,进一步明确了

高校图书馆的性质、任务，成立了全国高校图书馆工作委员会及其秘书处，作为教育部主管全国高校图书馆工作的机构。

1986 年，全国高校图书馆事业的规模进一步扩大，经费相当充足，藏书大量增长，招聘了大量的专业人才，并开始做改革的尝试，调整了机构，加强科学化管理。

从 1987 年起，我国高校图书馆进行全方位的改革，计算机应用进入实用阶段。

20 世纪 90 年代，随着我国逐步进入市场经济，高校图书馆也间接地开展了各种各样的社会化服务。主要的方式有编制二、三次文献和各种专题目录索引，为科研院所和企业提供课题跟踪信息服务，开展信息中介服务，开办书店，为街道和农村提供知识援助服务等。例如，上海交通大学包兆龙图书馆主动为山东枣庄的国土规划研究提供内容翔实、数据充分、论据可靠的情报信息，深受当地政府的重视。

2000 年 4 月，文化部牵头召集举行包括高校图书馆在内的中国数字图书馆工程建设联席会议，会议提出“建设数字图书馆工程的主要目的是有效利用和共享图书信息资源”。

2002 年 1 月，全国高校信息素质教育学术研讨会在黑龙江大学召开。会议首次将文献检索课学术研讨会改名为信息素质教育学术研讨会，具体表明图书馆用户教育又向前迈进了一大步。

2002 年修订的《普通高校图书馆规程》第二十一条规定“有条件的高等学校图书馆应尽可能向社会读者和社区读者开放”。

2011 年，学者王玉林等人以教育部人文社会科学研究规划基金项目“高校图书馆面向社会开放的制度与法律问题研究”为平台，对高校图书馆社会化服务状况进行了调查。通过对调研数据进行统计分析发现，高校图书馆社会化服务程度普遍偏低。“向社会开放的高校图书馆只占被调研图书馆的 16.74%。同时，高校图书馆因所在区域不同，开放情况存在很大差异。如广东省向社会开放的高校图书馆占实际调研图书馆的 26.7%，河北省为 16.7%，而青海和西藏所占比例竟为 0。”[①]

虽然当下国内高校图书馆的社会化服务还不太普遍，但各高校图书馆对开展社会化服务的认识在不断地加强，逐渐从排斥到接受，再到想办法开展工作。最初以北京大学、深圳大学为首的部分高校图书馆开始有限制地实行“部分开放”，成为社会服务实践中的领头羊，表明高校图书

① 王玉林，等.我国高校图书馆面向社会开放现状调查[J].图书与情报，2011(6)：26-31.

馆在开展社会化服务的道路上实现了“破冰之旅”。随后，国内其他高校图书馆开始陆续向社会开放，提供服务。

随着计算机技术及信息技术的出现，信息的获取方式由原来单一的手工检索转向了计算机辅助检索。高校图书馆开始向社会读者提供参考咨询、信息检索等服务。开展社会化服务的高校图书馆面向社会开展相应服务的限制条件较以前也有所放宽。

第三节 高校图书馆社会化服务与本校服务的关系

高校图书馆的服务范围定位通常是高校校内，如果对社会开放，首先要处理好社会开放与校内服务、校外读者与校内读者和有偿服务与无偿服务三方面的关系。

一、社会开放与校内服务的矛盾

目前阶段，高校图书馆向社会开放与本校服务的关系是有矛盾的，主要体现为以下几点。

(1)高校图书馆的服务产品不纯粹是公共产品。高校图书馆的服务产品的经费构成中有部分为教育部拨款，也有部分为学生缴款，不可完全公益化。

(2)高校图书馆的任务职责与服务对象具有特指性。教育部制定颁发的《普通高等学校图书馆规程(修订)》明确指出，高等学校图书馆是学校的文献信息中心，是为教学和科学研究服务的学术性机构。其服务对象主要为本校教师和学生，并非社会读者。

(3)高校图书馆的文献资源类别具有较强的专业性，与社会读者需求并不契合。高校图书馆长期以来一直以服务教学和科研为宗旨，其工作重点、人员知识结构、文献资源特点均是围绕学校发展和学科专业情况而设置的。而社会读者的人员结构、知识层次远比校内读者要丰富得多。

(4)高校图书馆的文献资源与人力资源定额有限。高校图书馆的文献资源与人力资源是定额有限的，在不增加资源投入的前提下，必然对教学和科研工作造成冲击。尤其是在大部分高校图书馆的经费都不是很宽裕的情况下，即使图书馆面向社会服务，也无法保证服务的效果和质量。

因此说，社会化服务与本校服务二者在资源消费上是有冲突的，要求高校图书馆全面服务社会是不现实的。高校图书馆对社会开放，不可能是全面的、无条件的，而只能是有原则、有前提、有限制、有选择、量力而行的部分开放。

二、校外读者与校内读者的关系

高校图书馆对社会开放，首先要接纳社会用户和团体，服务对象形成校内读者和校外读者两大群体，馆员服务和馆藏资源必须在这两个读者群之间进行模糊分配，因而平衡好两个群体间的关系就显得很重要。在我国，经费不足是国内大部分高校图书馆长期存在的问题。在高校图书馆面向社会服务中，应遵循“立足本校，服务社会”的原则，首先确保满足本校师生的文献需要，然后再考虑满足社会用户的需求，而不能顾此失彼，影响本校教学和科研工作的开展。

三、有偿服务与无偿服务的关系

图书馆无偿服务是指图书馆对社会开放，提供各种资源和服务不以营利为目的，可适当收取服务过程中所产生的成本费用，用以支持图书馆正常运营与服务的开展。无偿服务不等同于免费服务，高校图书馆向社会提供无偿服务，必须满足以下几个条件：一是经费宽裕，能够依靠自身经费解决社会开放所带来的人员、资源及管理上的压力。二是物理空间宽裕，具有足够的接待能力，不会侵占本校读者的空间。三是资源丰裕，图书复本较大，不会因为社会读者的涌入而造成资源困境，出现本校读者与校外读者争抢文献的局面。目前完全支持无偿服务的高校图书馆还很少，多集中于发达国家或地区，如美国大部分大学图书馆的基础服务都是免费的，图书阅览、信息查询等服务只要办理一定的手续即可入馆使用。但要获取更多的服务，如外借图书、定向咨询则需要缴纳押金或一定的费用。

综观国内外向社会开放的高校图书馆，主要采用的还是有偿服务与无偿服务相结合的模式，尤其是国内的高校图书馆，要实现完全的无偿服务还有许多困难需要去克服。目前，我国政府相关部门还未对高校图书馆采用有偿还是无偿服务出台明确的政策。从高校图书馆自身角度出发，经费问题是图书馆面临的主要困难。从社会公众用户角度分析，社会公众期待高校图书馆向自己开放，他们可以利用高校图书馆的资源进行自我提升，收费问题并不是公众最关心的焦点。他们关注的最核心问题是能否具有利用图书馆的资格。在目前的情况下，高校图书馆的社会服务应采取有偿与无偿服务相结合，免费与收费相区别的原则，在两者持平并重的状况中要考虑社会效益优先于经济效益。

第四节　推动高校图书馆社会化服务建设

图书馆通过各种服务，对读者（用户）的人格、思想、学识、智能等方面产生直接或间接的影响来实现自身的价值。图书馆的价值高低虽然从短期上难以做出评价。但可以从公式“价值＝输出 / 输入＝功能 / 成本”中体现出来，即图书馆的投入量（人、财、物）不变时，读者利用率越高，满意度越高，则图书馆的价值也就越高。据统计，高校图书馆藏书流通率低于 40%，有的还不足 20%。在推动学习型、节约型社会发展中，高校图书馆必须走社会化的道路，以此实现自身存在的价值。高校图书馆社会化服务需要及时转变观念，调动各方力量，采取多项措施，才能取得预期的效果。要推动高校图书馆社会化服务建设，可从以下几点入手。

一、转变观念，加强宣传

观念问题是制约或推动行动的关键问题。要进一步推进高校图书馆社会化服务工作，必须从各方面转变观念，正确认识。观念的转变涉及几个方面。一是中央政府要转变观念，在制定政策和法律时充分认识高校图书馆社会化服务的重要性，从战略高度给予重视，并在资金、制度、队伍建设等方面付诸行动。二是高校领导要及时转变观念，树立大教育观，把高校图书馆置于社会的大环境中，在满足本校师生信息需求的基础上，制定相关的制度，采取有效措施，为社会用户提供服务。三是各级地方政府要及时转变观念，通过多方渠道，为高校图书馆社会化服务提供人力、财力和政策上的帮助。四是高校图书馆管理者及服务人员要及时转变观念，从信息资源最大化利用和社会信息用户的信息需求出发，千方百计地为社会用户提供服务。

高校图书馆必须加强宣传工作，树立市场观念和为社会大众服务的思想，加大向社区居民开放力度，力争使社区的每个居民都了解高校图书馆，采取多种方法来宣传和介绍图书馆，从而达到对居民的吸引和组织作用。利用尽可能多的宣传手段与形式介绍和宣传图书馆。高校图书馆社会化服务的宣传工作必须双管齐下。一是各级政府通过各种媒体对高校图书馆进行宣传，包括政策、资源、服务项目、注意事项等，让全社会的信息用户了解高校图书馆。二是高校图书馆联合社区,在社区通过发传单、办专栏的形式宣传高校图书馆。三是高校图书馆加强自身的宣传工作。可通过学校和图书馆主页进行宣传,也可通过举办阅读活动、资源使用培训活动、编辑宣传手册、编辑宣传片等进行宣传。

二、提供法律保障

截至目前,我国还没有出台一部正式的图书馆法,更没有一部关于高等学校图书馆的法规,因此尽快出台《图书馆法》,对图书馆工作进行详细规定,对各类图书馆功能进行统一规范。

高校图书馆社会化服务的法规建设还应体现在《高等教育法》中。其中第十二条规定,国家鼓励高等学校之间、高等学校与科学研究机构以及企业事业组织之间开展协作,实行优势互补,提高教育资源的使用效益。虽然正文中没有直接提到高校图书馆面向社会服务,但作为高等学校的重要组成部分,图书馆的人力资源、设备资源、文献信息资源都是学校的重要资源,提高其利用率,尽力满足社会用户的需求,也是高等学校提高资源利用率的一个方面。在今后的修改完善中,可将图书馆的信息资源同实验设备、教师资源、学生资源和科研成果一同考虑,作为学校的可利用资源,在高等教育法中明确列出,把其列入学校社会实践活动或“三下乡”活动中,提高为社会服务的效率。

三、成立相应的领导机构

高校图书馆社会化服务是一项长期的、复杂的系统工程,涉及社会许多部门,需要建立一个科学高效的协调领导机构,推动此项工作健康、持续、有效地进行。因此,当务之急就是在教育部高教司设立图书馆工作指导委员会。这个委员会对内负责制定各高校图书馆社会化服务工作的政策和总方案,对外承担和其他政府机构、行业协会的协作协调工作。

四、以弱势群体为重点，开展多层次的服务项目

高校图书馆社会化服务,既要有开放的观念,也不能盲目,要在坚持开放的前提下突出重点,尤其是要为那些急于需要信息帮助、急于提高自身文化素质的弱势群体提供服务,如城市农民工、下岗人员、流浪者、身体残疾者等。

在提供对外服务方面,可结合本校教学科研信息利用情况和图书馆

的馆舍、设备和文献资源现状，针对不同的用户以及用户的不同信息需求提供多样化的服务。第一，提供传统的基础性知识利用服务。可以为学校附近的居民办理借阅证，为他们提供报刊阅览和图书借阅服务。第二，发挥网络优势，为社会用户提供网络知识信息服务。高校图书馆应针对本地区社会发展及经济建设的重点、热点，加强对网络信息的整合，将网上各种分散的、无序的信息收集起来，加以分门别类，以满足本地区广大用户的信息需要。第三，利用高校优越的师资资源和文献信息资源，为社会用户提供个性化的服务。高校可以凭借专业特色的优势，对本校“特色”专业信息进行专项开发，形成特色数据库加以利用，实现用户需求个性化。第四，联合发达地区图书馆扶持西部贫困地区图书馆。近些年来，许多高校改变了办学方向，专业设置进行了相应调整，图书馆原有的藏书资源需要进行重新整合，与现有新专业有关的图书需要大量购入上架，与现有新专业无关的图书需要剔旧下架。

五、加强高校图书馆联盟的整体效能，多种模式互补，提高服务质量

要提高高校图书馆社会化服务的效率，必须充分发挥各种图书馆联盟优势互补的整体效能，尽最大力量满足社会用户的文献信息需求。从现状来看，和高校图书馆结成的联盟有地域性的中心图书馆、高校图工委，也有行业性的图书馆联盟，如农业系统的高校图书馆工作委员会、民委系统的高校图书馆工作委员会、医学系统的工作委员会，还有数字资源的图书馆联盟，如 CALIS（China Academic Library & Information System，中国高等教育文献保障系统）、CASHL（China Academic Humanities and Social Sciences Library，中国高校人文社会科学文献中心）等。这些不同的高校图书馆联盟，在各自的系统当中，互相合作，共建资源，互通信息，基本达到资源共享的状态。

六、实行社会化管理

第一，坚持实行馆务委员会指导下的馆长负责制和馆务公开制，委员会成员除主管校长及馆长外，应有一定数量、层次读者参加。

第二，在核定办馆规模服务任务的基础上，实行工资成本总量的定量化管理。校长与馆长之间签订目标责任合同，学校真正做到管事不管人。

第三，对文献采购和公共事务采用招标和外包方式，以杜绝腐败现象和压缩人员编制。

第四，组建多类型多载体文献共存互补的查、借、阅一体的文献布局模式，为读者提供“一站式”开架服务。

第五，推行专业人员上岗资格认证制度，竞争上岗制度，辅之以聘任合同制。

第六，用模糊量化方式对不好量化的工作进行“认定式量化”，按初级、中级、高级读者和基础服务、技术服务、参考咨询服务分别赋予不同的权值，并落实到每位职工。

第七，由量化小组和相关各层次读者按一定比例合作，对职工服务质量和效果按年测评，结合出勤、创造性等一起作为年终考核依据。

高校图书馆还可以通过参与公共文化购买的形式服务社会用户。高校图书馆公共文化服务购买的形式主要有长期服务购买、任务性服务购买、业绩服务购买。高校图书馆公共文化服务购买的内容主要包括图书资料供给，向社会居民直接开放服务，与社区共同开展文化活动，社区文化管理服务人才的培训，社区居民技能培训等。

七、参与革命老区建设

革命老区是中国共产党老一辈无产阶级革命家在土地革命战争和抗日战争时期战斗过的地方，留下了类型多样，兼具历史价值和时代价值的红色文化资源，形成了内涵丰富的红色文化。《普通高等学校图书馆规程》（教高〔2015〕4号）指出，高校图书馆是“校园文化和社会文化建设的重要基地”，“主要职能是教育职能和信息服务职能。各革命老区高校图书馆与校园红色文化建设可营造良好校园红色文化氛围，同时对加强大学生思想政治教育具有积极作用。各图书馆应积极发挥地缘和资源优势，对涉及红色文化及其延伸资源进行挖掘整理与研究，如馆藏红色文化文献（图书杂志报纸、影像资料、图片、宣传册或标语等）、馆藏红色文化纪念物、馆藏红色文化艺术品等。例如，井冈山大学地缘优势明显，红色资源丰富，红色文化是该校校园文化的底色，同时也是“全国红色经典艺术教育示范基地”之一。该校设有江西省高校人文社科重点研究基地——井冈山研究中心、江西省2011协同创新中心——红色文化研究与传承应用协同创新中心、教育部人文社科重点研究基地——井冈山大学中国革命精神与文化资源研究中心等科研平台。图书馆充分发挥地缘和资源优势，开发建设了“井冈山特色文献资源库”。又如，桂林师范高等专科学校前身是创建于1938年的广西桂林师范学校，具有光荣的革命传统，涌现出桂师师生自发组织的“桂师战时服务团”“桂师暑期宣传队”等抗日服务团队。近年来,学校力推校园红色文化建设,成立了“桂北校园红色文化研究中心”,取得了较好的成绩。同时,该校图书馆大力加强对原有馆藏文献的挖掘和整理,2017 年申请了学校专项经费,着力打造了特色馆藏书库,红色文化文献是其中亮点之一。

又如,四川文理学院图书馆,四川革命老区红色文献是该馆整合四川革命老区独特的红色文化资源,为当地发展有地方特色的经济提供历史线索,在保存人类文化遗产方面起着重要作用。四川文理学院地处川陕革命根据地大巴山革命老区,在高等学校图书馆长期发展过程中,根据所在地区社会经济发展的需要,收藏和自建四川革命老区红色文献,保存地方红色文化遗产,突出大巴山革命老区红色文化优势,追寻历史积淀下来的精神,形成比较完备的红色文献收藏。四川文理学院图书馆通过征集等多种途径,搜集四川革命老区红色文献资源,运用先进的计算机技术建立四川革命老区红色文献数据库,不断完善红色资源馆藏,增加四川革命老区红色数据库的操作性和易用性。高等学校作为重要的科研基地之一,为了满足知识传播需求,使受教育者多层次地受到感染,应逐步将其服务方向由资源建设转向社会化服务。四川文理学院图书馆四川革命老区红色文献数字资源日益增加,在满足读者印刷型纸质资源的同时,又为读者提供了大量的数字资源,包含图书、论文集等传统文献资料和电子文献的广泛使用、网络资源导航的开展运行,这些特色数据库为四川革命老区红色文献数字化工作奠定了基础。

再如,陕甘宁边区高校图书馆为传播马列主义,培养教育党的干部、普及革命文化、宣传和动员广大民众做出了巨大贡献,为中国革命战争的胜利和抗日战争的胜利做出了重要的历史贡献。其中,延安曾经是中国共产党中央所在地。中国共产党在延安十三年期间,领导中国人民取得了抗日战争和解放战争的胜利,不仅留下了延安精神等宝贵的精神财富,而且给延安留下了许多珍贵的红色文献资源。目前,延安共有 4 所高校图书馆,即延安大学图书馆、延安职业技术学院图书馆、中国延安干部学院图书馆和中共延安市委党校图书馆。表 6-1 反映了延安高校图书馆的发展现状。从表 6-1 可以看出,随着网络信息技术的迅速发展,延安高校图书馆的馆舍面积、人员队伍、网络和软硬件基础设施都有了很大改善,文献信息资源的种类和数量也在逐年增加,资源类型也更加丰富,而且都珍藏着红色革命文献。除了图书、期刊、报纸,还增加了光盘、电子图书、电子期刊等数字化资源。读者服务的内容和形式多样化,为学校的教学和科研,为延安本地经济、文化建设提供了知识信息和智力支持。

表 6-1 延安高校图书馆发展现状[①]

学校名称	近5年年均资源建设经费（元）	馆舍面积（平方米）	馆藏		馆员数量	是否有网站	是否有图书馆文献管理系统	是否有红色革命文献
			纸质图书	各类数据库				
延安大学图书馆	160万	368 00	120万册	38个	56人	有	有	有
延安职业技术学院图书馆	60万	1 000	2.7万册	22个	6人	有	有	有
中国延安干部学院图书馆	少于10万	27 000	32万册	无	40人	暂无	有	有
中共延安市委党校图书馆	少于10万	2 000	6万册	2个	9人	有	有	有

虽然陕甘宁边区高等学校图书馆的工作环境、办馆条件、馆藏资源与网络信息时代高校图书馆的办馆条件不可同日而语，但陕甘宁边区高等学校图书馆为了革命的需要，为了高等干部培训和教育的需要，一切从实际出发的办馆经验和求实创新的办馆形式，以及自力更生、艰苦奋斗的办馆精神对延安高校图书馆乃至全国高校图书馆来说都是弥足珍贵的。

老区高校图书馆在建设红色文化教育基地时，应适应时代发展，建立红色文化数据库，使红色文化资源形成有机整体，方便读者利用。图书馆员要利用各种渠道搜集具有地方特色的红色文化资源，并对这些资源进行筛选、分类、组织和加工整理，形成有用的信息资源；同时，有条件的图书馆还可以委托第三方数字资源加工单位或者自身力量对本馆的红色文献纸质资源进行数字化处理，充实数据库内容；对一些单位和个人收藏的红色文献资源不愿意进行出卖、捐赠的，图书馆可以尽量说服他们进行数字化处理，加入红色文化数据库，保证知识产权，实现红色资源共享。

① 贾翠玲．陕甘宁边区高校图书馆的发展历史与启示[J]．大学图书馆学报，2013（6）：57-58.

第七章　现代图书馆的组织、领导与控制

现代图书馆是一个系统,是一个为交流知识这一特定的总目标而组织起来的统一体。这个系统要想充分发挥作用,必须做好组织、领导与控制工作。在本章中,将对现代图书馆组织、领导与控制的相关内容进行详细研究。

第一节　图书馆组织及其科学设计

组织是管理的基本职能,是任何一项管理活动的主要形式,是实现各种管理目标的重要保障。而图书馆组织是图书馆系统内部的结构模式,是图书馆管理的重要内容之一。此外,图书馆在发展的过程中,只有进行科学的组织设计,才能确保图书馆在充分发挥作用的同时,推动图书馆不断向前发展。

一、图书馆组织的内涵

(一)组织与图书馆组织的含义

1. 组织的含义

从社会管理学的角度来看,组织的含义有广义与狭义之分,广义的组织指的是诸多要素以一定的方式联系在一起的系统;狭义的组织指的是人们为了达成一定的目标而结合成的相互协作、相互促进的团体或是集团。

组织的含义从管理学的角度来看,有静态与动态之分。从静态方面看,组织指组织结构,即反映人、职位、任务以及它们之间的特定关系的网络。从动态方面看,组织指维持与变革组织结构,以完成组织目标的过程。

通过上面的论述可以知道,在对组织的含义进行界定时,背景、着眼点等不同,得出的含义也会有一定差异。本节所关注的是影响图书馆的组织,这样的组织应该建立在与目标相适应的必需要素的基础上,组织的行为应该对所有工作人员都理解的目标起指导作用。

2. 图书馆组织的含义

所谓图书馆组织,就是图书馆“以最大限度满足社会文献信息资源需求为目标,而对图书馆资源进行合理的设计与职能分配,并按一定规则和排列程序组合成协调运行的有机系统的过程”①。

(二)图书馆组织的职能

图书馆组织的职能,具体来说有以下几个。

第一,能够促进图书馆工作关系架构的有效构建,继而促使图书馆各部门形成一个协调统一的整体。这对于图书馆充分发挥自身的作用以及促进图书馆的科学发展具有重要的作用。

第二,能够使图书馆的各项活动得到有效组织,继而使各项活动能够取得良好的效果。

第三,能够使图书馆的各级管理人员在明确自身管理权限的基础上,更加积极、主动地投入到管理工作之中。

第四,能够协调和刺激图书馆组织内的成员为实现整体目标而努力工作,这对于图书馆服务质量和服务效率的提升具有重要的作用。

第五,能够促进图书馆组织管理体制的有效构建与完善,这对于图书馆的正常运转具有积极意义。

第六,能够促进图书馆系统内层级关系的有效构建,这对于管理信息的有效传递具有积极意义。

(三)图书馆组织的形式

图书馆组织形式影响着图书馆运行与管理的效果,因而对于图书馆来说,选择合理的组织形式是极为重要的。就当前来说,图书馆组织的形式主要有以下几种。

1. 直线式组织形式

直线式组织形式又称“单线式职权形式”“军队式职权形式”,即在一

① 马家伟,杨晓莉,姜洋.图书馆与图书管学概论[M].长春:吉林科学技术出版社,2016:148.

个组织中，从最高层领导到基层一线人员，通过一条纵向的、直接的指挥链连接起来，上下级之间关系是直线关系，即命令与服从关系。通常来说，图书馆的规模比较小时，可以运用这种组织形式。

这是一种自上而下的、比较简单的图书馆组织形式，能够较为有效地保证任务的通达。但是，这种图书馆组织形式没有具体的职能机构作为辅助管理的手段，容易形成管理权力的高度集中，从而导致在复杂的管理活动中不能对下属的行为进行有效控制。如此一来，上下级之间的沟通、交流便会出现障碍，继而导致各项工作或任务等无法有效实现。

2. 职能式组织形式

职能式组织形式又称“多线式组织形式”，即在一个组织中，设立不同层级的职能机构，且各个职能机构在自己业务范围内对下级单位进行直接指挥。在这种组织形式中，低一级的行政领导既要服务上一级的行政领导，也要听从上一级各个职能机构的指挥。通常来说，图书馆在有着较大的规模、较为复杂的业务技术、较为细致的管理分工时，可以运用这种组织形式。

不过，这种图书馆组织形式很容易导致图书馆的管理出现混乱现象，影响图书馆管理工作的有序开展以及管理工作的最终效果，最终影响图书馆的健康发展。

3. 直线职能式组织形式

直线式组织形式和职能式组织形式都有一定的缺陷，为了弥补这两者的缺陷，确保组织形式能够发挥出更加积极的作用，直线职能式组织形式产生了。

直线职能式组织形式能充分发挥职能部门的参谋作用，减轻上级领导的工作负担；能为图书馆的正确决策提供依据；能实现图书馆管理活动的统一指挥、统一行动。

4. 合作式组织形式

合作式组织形式是一种在超越传统垂直管理的基础上所进行的一种组织与组织之间的合作管理形式。合作式图书馆组织形式主要是根据参加合作体的各成员馆签订的合作协议明确各自的权利、责任与义务，并明确其组织关系，通过利益共享实现组织的整体目标。

这种图书馆组织形式可以降低文献信息资源的收藏成本；可以实现不同类型、不同系统的图书馆的科学分工与有效合作，能够实现优势互补，这对于图书馆的未来发展而言是极为有利的。因此，越来越多的图书馆选择这种组织形式。

就当前而言,图书馆联盟是图书馆最常见的合作式组织形式,它是以文献信息资源共建共享为目的的实际而有效的图书馆组织形式。

二、图书馆组织的科学设计

所谓图书馆组织设计,就是图书馆根据组织目标,把组织目标规定的任务分解成分目标和分任务,据此设立相应的业务部门,确定相应的指挥、配合和协调方式,以保证组织有效运行和实现组织目标。图书馆组织设计的目的,就是从组织的结构上确保组织目标的有效实现。而图书馆组织设计的结果,就是形成特定的图书馆组织机构。

(一)图书馆组织设计要解决的问题

在进行图书馆组织设计时,需要重点解决好以下两个问题。

第一,要以图书馆的发展实际、管理现状、社会需要以及用户需要等为依据,设计有利于完成图书馆管理各个职能的部门,并对这些部门的职责予以明确。

第二,要对图书馆各职能部门之间的关系予以明确,这对于各职能部门之间的相互配合、相互补充具有重要的影响。

图书馆在进行组织设计时,只要解决好以上两个问题,便能确保最终所设计的组织是有活力的、有应变能力的、有可持续发展前景的。

(二)图书馆组织设计的原则

图书馆组织设计的原则,具体来说有以下几个。

1. 合理分工原则

图书馆组织构建的过程,既是对图书馆内部科学分工的过程,也是对图书馆资源进行合理配置的过程。因此,在进行图书馆组织设计时必须遵循合理分工原则,具体内容如下。

第一,工作质量与工作效率的提高,与工作的专业化程度有着密切的关系。因此,在进行图书馆组织设计时,为了提高工作质量和工作效率,需要对图书馆工作进行合理的专业分工,按照工作性质类型建立相应的工作部门,并进一步明确各个部门的职责范围以及管理权限。

第二,在进行图书馆组织设计时,应合理地进行图书馆各种资源的配置,安排图书馆各个部门的目标与任务,使得图书馆的各项工作有序、高效地运行。

第三，在进行图书馆组织设计时，应根据图书馆人员的性格、兴趣、特点和信息素养上的区别，进行合理的人力资源分工，做到人尽其才。这对于调动图书馆员工的工作积极性和主动性具有重要的作用。

2. 因馆制宜原则

图书馆的数量有很多，而各个图书馆发展的现实情况有较大不同。因此，图书馆在进行组织设计时，应遵循因馆制宜原则。具体来说，就是图书馆在进行组织设计时，要充分考虑到其发展目标与规模以及文献信息资源的构成、工作人员的构成以及空间设备、技术条件等资源，以便最终设计好的组织结构能够促使图书馆整体功能的发挥，并推动图书馆的健康发展。

3. 职权层级化原则

在进行图书馆组织设计时，一个基本的要求是确保组织结构和职权形式的层次分明，以确保图书馆内部最高权力等级到每一个下属职位的权力等级是绝对明确的。因此，职权层级化原则也是图书馆组织设计的一个重要原则。

由于组织层级的多少与管理者的控制幅度成反比，组织机构层级多，控制幅度就小；组织机构层级少，控制幅度就大。因此，图书馆组织的层级不宜过多。层级过多，不仅浪费人力资源，加大人力成本，而且增加了管理信息流动的复杂性，降低了管理效率。至于图书馆的管理层级为多少最为适宜，则应根据图书馆规模、各自活动特点及管理范围来确定。

4. 灵活性原则

随着社会的发展以及环境的变化，图书馆用户的需求也处于不断的变化之中，这就要求图书馆组织必须要有较强的灵活性。为此，在进行图书馆组织设计时，必须在相对稳定的情况下，强化灵活管理，增强组织的应变能力；必须以外部环境和内部环境的变化发展以及图书馆长远目标的实现情况为依据，适时、适当地进行设计调整。

（三）图书馆组织设计的影响因素

在进行图书馆组织设计的过程中，会受到多方面因素的影响，其中较为重要的有以下几个。

1. 环境因素

影响图书馆组织设计的环境因素,具体包括外部环境因素和内部环境因素两个方面。其中,外部环境因素指的是经济因素、政治因素、文化因素等;内部环境因素指的是与图书馆相关的因素,如图书馆的发展目标、图书馆的馆藏资源、图书馆的用户等。

2. 社会信息需求因素

图书馆事业的发展,离不开社会信息需求这一基本动力。因此,图书馆组织设计应当根据社会信息需求规模以及图书馆服务的范围与能力进行资源的有机整合,充分发挥图书馆资源的协调作用,以满足社会发展中不断增长的信息需求。

3. 主观意识因素

主观意识因素也是影响图书馆组织设计的一个重要因素。这里所说的主观意识因素,主要包括以下几个方面的内容。

第一,社会、政府及领导对图书馆的重视与支持程度。社会、政府及领导对图书馆的重视与支持程度高,就会对图书馆的发展投入更多的经费与技术等。

第二,图书馆的管理者或是管理班子。一个好的图书馆领导者或领导班子,在图书馆组织的合理设计中通常能够发挥积极的引导作用。

第三,图书馆管理人员的综合素质。通常而言,图书馆管理人员有较高的综合素质,能够给图书馆的组织设计注入新的思想和活力。

第二节　图书馆馆长的选聘与其素质要求

图书馆馆长是图书馆全面工作的决策者和管理者,也是图书馆领导工作的主导力量。因此,在图书馆发展的过程中,选聘业务能力强、综合素质高的图书馆馆长是极为重要的。

一、图书馆馆长的选聘

图书馆馆长的选聘状况,对于图书馆的发展有着极其重要的影响。因此,必须要做好图书馆馆长的选聘工作。

(一)图书馆馆长选聘的原则

在进行图书馆馆长选聘时,必须遵循一定的原则,其中较为重要的有以下几个。

1. 德才兼备原则

德才兼备历来是人们强调的识别和发现人才的基本要求,而在选聘图书馆馆长时,首要原则也是德才兼备原则。其中,在“德”方面,要看大节,看他是否坚持正确的政治方向,思想和行为是否符合社会主义社会的道德规范,工作上是否有责任感和事业心等;在“才”方面,要看他是否能较圆满地完成领导交给的工作,并在工作中表现出高于一般人员的才能。

在选聘图书馆馆长时,要有效贯彻德才兼备原则,还要特别注意以下两个方面。

第一,对于德多才少的人不能忽视,应该看到人才是处于变动之中的,他们的才能是可以逐步提高的,通过学习、实践和他人的帮助,他们的不足之处可以得到弥补。而且,根据管理层次的不同分工,在实际工作中也需要一大批踏踏实实、可以信赖的人才。因此,对这些人可以量才使用。

第二,对于才有余而德不足的人一定要警惕,不要被他们的才能所吸引而忽视了他们低劣的品德。也许正因为他们头脑精明、手段高超,因而给我们的事业造成的损失可能会更大。当然,这并不是说要将他们的才能埋没起来,使之不得发挥。领导者使用这种人时一定要慎重,在充分发挥他们才能的同时,要严格控制其劣性的延伸。

2. 公开、平等、竞争、择优原则

在进行图书馆馆长选聘时,公开、平等、竞争、择优原则也是必须要遵循的。这一原则是社会主义市场经济发展的客观要求,这与社会主义市场经济体制的内在机制是一致的。社会主义市场经济体制就是要使市场在国家宏观调控下对资源(包括人才资源)配置起基础性作用,实现各种资源的合理配置和生产力诸要素的优化组合。而公开、平等、竞争、择优选拔领导干部,就是要通过公平竞争,择优发现和使用优秀领导人才,对人才资源进行合理配置。

3. 群众公认原则

图书馆馆长选聘的群众公认原则,指的是在选聘图书馆馆长时,要确

保所选择者能够获得所有图书馆馆员甚至其他图书馆馆员的认可。

(二)图书馆馆长选聘的形式

图书馆馆长选聘的形式,总体来说有两种,即招聘和任命。

1. 图书馆馆长的招聘

招聘在目前是选配人才的必要补充,对才能超群的人才,可通过招聘的方式补充到图书馆管理队伍中来,这对于调整图书馆管理队伍的结构有重要作用。

国外图书馆的馆长,通常是通过招聘来选拔的。以美国来说,其主要采用公开招聘的方式来选拔图书馆馆长。此外,美国在招聘图书馆馆长时,通常会对选拔人员的条件有较为严格的要求。除管理能力和工作经验,还强调图书馆专业知识和能力。

2. 图书馆馆长的任命

我国在选聘图书馆馆长时,多采用的是任命制,即由政府文化主管部门任命馆长。我国在任命图书馆馆长时,对其任用条件往往有较大的灵活性。此外,我国图书馆馆长的任命,由于缺乏严格、合理而又客观、公正的选拔、考核、管理、监督机制,很容易导致所任命的图书馆馆长无法胜任其职责,这对于图书馆事业的健康长远发展来说是极为不利的。

(三)图书馆馆长选聘应考虑的因素

在选聘图书馆馆长时,要确保所选聘者能够在图书馆的发展中发挥积极的作用,就需要在选聘过程中充分考虑以下几个因素。

1. 能力

在选聘图书馆馆长时,能力是不可忽视的一个考虑因素。作为图书馆的领导者,图书馆馆长各方面的能力直接关系到图书馆的各项工作能否顺利开展并取得成效。因此,要尽可能选聘综合能力较高的人来担任图书馆馆长。

2. 态度

在选聘图书馆馆长时,态度也是必须要考虑的一个因素,即所选聘的图书馆馆长能否以积极、正确的态度投入到工作之中。所选聘的图书馆馆长在开展工作时,若是只知道摆架子、讲条件,图书馆的各项工作是无法顺利开展并取得良好成效的。因此，所选聘的图书馆馆长必须要有良好的工作态度。

3. 权威

权威就是领导者的统御能力，一个没有权威的领导者是很难统领全局并推动全局前进的。因此，在选聘图书馆馆长时，权威也是必须要考虑的一个因素。要判断所选聘的图书馆馆长是否具有权威，就要看其有没有感召力，说话办事有没有人听，统御力强不强。

二、图书馆馆长的素质要求

图书馆馆长作为图书馆的最高领导者，只有具备较高的综合素质，才能带领图书馆不断向前发展，并在发展的过程中为社会、经济、科技等各方面的发展发挥重要的作用。具体而言，图书馆馆长需要具备的素质有以下几个。

（一）过硬的政治素质

图书馆馆长具有过硬的政治素质，对于保证图书馆沿着正确的方向发展具有重要的作用。具体而言，图书馆馆长的政治素质需要包括以下几个方面的内容。

1. 具有比较厚实的马克思主义理论功底

对于图书馆馆长来说，只有具有比较厚实的马克思主义理论功底，能够用马克思主义的立场、观点和方法观察事物、分析矛盾、处理问题，才能使自己的工作建立在正确的、科学的基础之上，确保图书馆有正确的发展方向。

2. 具有坚定的政治方向

图书馆馆长要具有坚定的政治方向，就是图书馆馆长在政治上必须始终同党的路线、方针、政策保持一致。就当前来说，同党的路线、方针、政策保持一致，就是要求图书馆馆长在开展工作的过程中，时刻站在党性原则的立场上，忠于党，忠于人民，坚持党的基本路线不动摇，积极推进有中国特色的社会主义建设。

3. 具有公仆意识

社会主义领导者应坚持全心全意为人民服务的宗旨，为此必须要牢固树立公仆意识。对于图书馆馆长来说,具有公仆意识也是十分重要的。只有具备公仆意识,图书馆馆长在开展工作时,才能真正将读者放在首位,积极为读者提供高质量和高效率的读者服务。

(二)全面的知识素质

面对激烈的信息服务竞争,图书馆馆长只有时刻用各种知识武装自己的头脑,提高自身的知识素养,才能做好一个图书馆的带头人。具体而言,图书馆馆长必须具备以下几个方面的知识。

1. 基础知识

基础知识是图书馆馆长必须具备的基本知识,也是图书馆馆长从事领导工作的前提条件。一个合格的图书馆馆长,必须要有宽广的知识面和扎实的基础知识。就图书馆领导工作的实际需要来看,图书馆馆长应当着重掌握以下几类基础知识。

第一,科学文化知识。这是基础知识的基础,主要包括语文知识、自然知识、逻辑知识、地理知识、历史知识等。

第二,马克思主义理论知识,主要包括马克思主义哲学、政治经济学等基本理论,以及毛泽东思想、邓小平理论、“三个代表”重要思想等。

第三,政策法规知识,主要包括党的路线、方针和政策,国家的宪法、法规和各种规章制度。

第四,其他基础知识,如心理学知识、组织行为学知识、公共关系学知识、计算机知识、外语知识等。

2. 专业知识

专业知识是图书馆馆长知识结构的核心或者主体部分,也是图书馆馆长区别于其他领域人才知识结构的主要标志,还是图书馆馆长开展领导工作的有力保证。具体而言,图书馆馆长需要具备的专业知识有以下几类。

第一,图书馆基础理论知识,主要包括图书馆学基础、目录学、情报学、社会文献学、文献计量学、图书史等。

第二,图书馆工作技术知识,主要包括图书分类、图书编目、藏书组织、文献复制与保护、咨询与服务、图书馆自动化系统、图书馆评估技术等。

第三,管理科学方面的知识,这对于图书馆馆长开展好图书馆管理工作具有重要的作用。

(三)高尚的道德素质

对于图书馆馆长来说,具备高尚的道德素质也是极为重要的。为此,图书馆馆长必须重视提高自身的道德品质和高尚情操,具体可从以下两个方面着手。

1. 积极培养无私奉献的高尚情操

无私奉献的高尚情操,是图书馆馆长必须具备的道德品格素质。为此,图书馆馆长不论在工作上,还是在日常生活中,都必须努力培养大公无私的品格和高尚的道德情操。

2. 切实树立谦虚谨慎的精神境界

谦虚谨慎是一种高尚的情操,反映的是一个人高尚、纯洁、向上的精神境界。具有这种情操的人,往往能够正确估价自己,正确对待别人,虚怀若谷,永远进取。因此,对于图书馆馆长来说,形成谦虚谨慎的高尚情操也是十分重要的。

(四)综合的能力素质

能力素质是指经过实践和积聚,在能力方面所具有的一定水平。对于图书馆馆长而言,能力素质是其履行职责和实施领导的基础,也是其能否做好图书馆各项工作的关键。具体来说,图书馆馆长需要具备以下几项能力素质。

1. 决策能力

图书馆馆长处在图书馆权力的核心,所有行政、业务、人事、财经以及生活等方方面面的事情都需要图书馆馆长做出正确的选择、判断和决定。因此,对于图书馆馆长来说,具备良好的决策能力是极为重要的。通常而言,图书馆馆长可通过以下几个举措来提高自己的决策能力。

第一,要掌握决策的主动权。

第二,要善于听取群众和专家的意见。

第三,要深谋远虑,谨慎行事。

第四,要勇于创新,敢于冒险。

第五,要机动灵活,随机决断。

第六,要审时度势,当机立断。

2. 用人能力

图书馆馆长的领导水平的高低，在一定程度上取决于其能不能用人、会不会用人。因此，对于图书馆馆长来说，形成良好的用人能力也是十分重要的。图书馆馆长只有具备良好的用人能力，才能确保将更多的人才吸引到自己的组织体系中，并实现人岗匹配。

3. 交际能力

图书馆馆长只有具备良好的交际能力，才能更好地履行领导职能。图书馆馆长的交际能力主要体现在内部交际和外部交际两个方面。其中，内部交际是指图书馆内部领导之间、领导与职工之间、职工之间的沟通和交流。良好的单位内部人际关系是做好工作、完成任务的基础，和谐、融洽、互相信任和尊重，能够使人心情愉悦、工作热情和干劲倍增。外部交际是指图书馆外部方面的沟通与交流，主要包括能与图书馆发生行政、业务、财经等联系的部门和单位。图书馆馆长与这些单位搞好关系，就能为图书馆的发展提供一个良好的外部环境，图书馆的工作就会得到方方面面的关心和支持。

4. 创造能力

图书馆馆长的创造能力，指的是图书馆馆长要有强烈的进取心，工作上永不满足，以自身旺盛、丰富的创造力来带领所有员工勇往直前。这对于提高图书馆的工作质量和工作效率，推动图书馆的长远健康发展具有积极意义。

（五）良好的身心素质

1. 良好的身体素质

身体是革命的本钱，图书馆馆长只有具备良好的身体素质，才能正常地开展工作。图书馆工作复杂而辛苦，是脑力劳动与体力劳动参半的工作。图书馆馆长既管业务又管行政，还要从事一些学术研究和社会活动，对身体素质的要求很高。因此，图书馆馆长在平时应注意加强锻炼，以形成健康的体魄。

2. 良好的心理素质

图书馆馆长作为图书馆这一机构的领导者，其心理素质同样重要。良好的心理素质是图书馆馆长率领图书馆职工开拓前进的基础，是图书馆事业发展的关键，是形成独特领导风格的决定性因素。此外，图书馆馆长具有良好的心理素质，能够提高领导行为的自觉性、有效性和目的性，继而能够在工作中有效地影响、引导他人行为。坚强意志、热爱工作的情感、宽松大度的风度等，都是图书馆馆长必须要具备的良好心理素质。

（六）扎实的思想素质

对于图书馆馆长来说，具备扎实的思想素质也是十分重要的。具体而言，图书馆馆长需要具备的思想素质有以下几个。

1. 非凡的人才观念

对于图书馆馆长来说，拥有非凡的人才观念也是其必须要具备一项思想素质。具体而言，这一观念需要包括以下几个方面的内容。

（1）要有求才之意

在科学技术飞速发展的今天，各种知识日益专业化精深化，一个人常常有隔行如隔山之感。因此，图书馆馆长要想促进图书馆事业的健康、顺利发展，必须要有求才之意，切实组织起有关方面的人才。

（2）要有爱才之心

对人才求全责备、百般挑剔，对其缺点不予谅解，以及用就另眼看待、不用则弃之如敝屣，这些都是缺乏爱才之心的表现，图书馆馆长应以此为鉴，吸取教训，培养自己的惜才爱才之心。

（3）要有识人之术

图书馆馆长在面对下属时，要注意对他们的德、才、识、学以及性格、爱好、日常行为、生活习惯、健康状况等进行全面、客观的了解，以便为日后的人才选拔奠定基础。

（4）要有用才之能

人都有长短处、优缺点，一个人的优缺点又常常是相互昭彰、相互存在的。图书馆馆长在用人的过程中，应学会用其所长，避其所短，以充分发挥人才优势，确保人尽其才、才尽其用。

（5）要有举贤之胸

对于图书馆馆长来说，荐贤让贤也是其应该做到的。图书馆馆长在某些方面有可能比不上下属，这是十分正常的。此时，图书馆馆长不应对其进行打压，而是应在适当的时机对其进行提拔。这不仅能使优秀的员工更加积极地投入到工作之中，而且能使图书馆馆长获得较高的威望。

（6）要有护才之魄

对于图书馆馆长来说，必须敢于和善于护才，在人才出现麻烦和问题时要及时为他排忧解难。若是图书馆馆长在人才出现麻烦和问题时不予以帮助，则很可能导致人才受到不公待遇，继而无法发挥自身才能。这对于图书馆事业的发展来说，不失为一个重大损失。

（7）要有养才之识

图书馆馆长必须正确认识用人与育人的辩证关系，用人必须育人，育人是为了更好地用人。一个有战略眼光的图书馆馆长，必定重视对下属的智力投资，对人才一用二养，同时准备后备力量。

2. 要有战略思维

图书馆馆长既是图书馆战略变革的提倡者和发动者、图书馆战略资源的筹集者和分配者，也是图书馆战略制定的协调者和决策者，还是图书馆战略规划实施的推进者。因此，对于图书馆馆长来说，具备战略思维是极为重要的。只有具备了战略思维，图书馆馆长在开展工作时才能高瞻远瞩，准确预测图书馆的发展与变革方向，继而推动图书馆的健康发展。

（七）良好的领导艺术

图书馆从根本上说是一个领导者，因而必须具备良好的领导艺术。而对于图书馆领导来说，要想充分发挥自己的领导艺术，应特别注意以下两个方面。

1. 要恰当地进行授权

所谓授权，指的是领导者由于精力和能力所限，在某些领域把权力下放给某些下级，使下级在一定的监督之下有处事的自由权。

授权是当代领导者普遍采用的一种领导艺术，其可以把领导者从琐碎的日常事务中解脱出来，专心处理全局的重大问题；能在某种程度上满足下级的某些自我归属感，激发他们的工作热情和积极性，增长才干，培养人才；可以实现“大权独揽，小权分散”的原则，提高领导效率。此外，被授权者需要接受授权者的监督和指挥，并要及时向授权者报告情况；授权者在一定情况下，可以回收被授权者的权力。

图书馆馆长在运用授权这种领导艺术时，应特别注意以下几个方面。

第一，要根据图书馆的发展情况、管理情况以及自身的实际情况，决定是实施完全授权还是部分授权。前者是指下级有权决定他们所想决定的东西，不必请示上级；后者是指将某些权力授予下级，给其一定的权限。

第二，要注意责不过权，即图书馆馆长在授权于下级，让下级去干某些事情,负某些责任,强调被授权者应有权尽责,但某些行为后果必须由自己承担下来,不能在授权时逃避责任。只有这样,下属才能乐意地接受所授之权。

第三,要注意因事授权,即授权要以事来择人,有些事不能下放给下级去办,就不能授权。

第四,要注意视能授权,即对能授之权,要以被授权者的才能大小和知识水平高低为依据。

第五,要注意授权要服务于全局,即图书馆馆长在授权之后,要尽力发挥综合才能,协调各方面的力量、各局部的发展,使授权活动更好地服务于全局的整体目标。

2. 要掌握巧妙的谈话艺术

谈话是领导者的一项基本工作,而且谈话造成的影响如何,直接反映了领导者能力的高低。因此,对于图书馆馆长来说,掌握巧妙的谈话艺术也是十分重要的。具体而言,图书馆馆长可借助于以下几个途径来提高自己的谈话技巧。

第一,要提前做好谈话计划,明确谈话的主题,谈话要传递、获取或交换的信息,谈话的时间,谈话的过程,等等。只有做到这些,才能确保整个谈话有的放矢。

第二,要了解被邀谈话者,这对于控制谈话过程、确保谈话取得良好的效果具有重要意义。

第三,要制造适宜的谈话氛围,这是确保谈话取得成功的重要条件之一。

第四,要适当地表示友善,这能使被邀谈话者在心理上缩短和领导者的距离,从而使谈话取得良好的效果。

第五,要掌握发问技巧,如问题应当清楚简短、发问内容要与谈话目的相关等。

第六,要注意引导谈话,以确保谈话围绕主题展开并能有效进行,最终达到目的。

第三节　图书馆控制的基本内涵及其控制模式

图书馆在开展管理工作时,做好控制工作也是极为重要的。随着图书馆管理中人本理念的增强以及知识管理方法、人力资源管理方法的逐渐增加，图书馆控制的方法和内容更加与组织结构、文化观念、员工多样化需求结合，控制模式也更加宽松和人性化。

一、图书馆控制的含义

在图书馆的管理体制中，控制可以说处于核心的地位。所谓图书馆控制，就是“监督和检查图书馆各项活动，发现偏差，并进行纠正，以保证各项活动按计划进行，确保目标实现的过程”①。

图书馆若缺乏科学合理的控制体系，组织结构的有效运行就无从谈起。此外，图书馆的各级管理者都承担着一定的控制职责，即使基层管理者所在的部门完全按照计划动作，也存在按计划和实施标准进行活动的控制问题；而中、高层管理者更负有对所管组织和部门的运行目标、计划和活动给予控制的责任。

二、图书馆控制的重要性

图书馆的有效运行，离不开控制。具体而言，图书馆控制的重要性主要表现在以下几个方面。

（一）有助于图书馆实现战略目标

在图书馆的管理过程中，目标的设定是不可忽视的一个重要部分。目标虽然不是图书馆控制的组成要素，但却是图书馆控制的要件。因此，通过开展有效的图书馆控制，也能在一定程度上促进图书馆战略目标的实现。

（二）有助于图书馆的健康发展

就当代图书馆来说，其在发展的过程中面临着各种因服务、公共突发事件而引发的危机和挑战。能否有效地应对这些危机和挑战，既影响着图书馆生存和发展的能力，也影响着图书馆在提供同类服务和产品的机构中的竞争力及在社会用户中的声誉和形象。为此，图书馆管理者必须密切关注、较为准确地预测图书馆可能出现的风险和危机，并及时采取有效的控制措施来预防风险和危机或减轻风险和危机造成的不利影响，继而保证图书馆的健康发展。

① 高雄．现代图书馆管理概论［M］．西安：西安地图出版社，2013：133.

(三)有助于图书馆管理工作的落实

图书馆的领导模式和管理体制一般都强调管理职能的执行，而对其效果以及执行人的职责权限却少有监督。而在图书馆控制中，监督的职能得到加强。这有助于图书馆管理者、图书馆员工以及其他利益相关者等在明确其自身权限的基础上，有效推动和落实管理工作，确保图书馆管理工作取得良好的成效。

三、图书馆控制的类型

图书馆控制依据不同的标准可以分为不同的类型，其中最常见的分类有以下两种。

(一)以控制的时间为标准进行分类

以控制的时间为标准，可以将图书馆控制细分为以下几类。

1. 事前控制

事前控制主要是通过动态地保持图书馆计划本身的正确性，而使图书馆计划对其实施过程起到直接有效的控制作用。事前控制可以克服图书馆管理中的偏差发生和纠正偏差之间存在的时滞，它的控制作用发生在行动作用之前，其特点是将注意力放在行动的输入端上，防患于未然。

2. 事中控制

事中控制发生在图书馆工作过程之中，即在执行计划过程中，管理人员一旦发现偏差，就应当立即予以纠正，以保证计划的实施。

3. 事后控制

事后控制是指图书馆在计划实施过程的终点，控制作用发生在行动之后。事后控制的实质是管理人员利用信息反馈分析偏差产生的原因，然后采取纠偏措施，以确保更正活动达到预期的目的。这类控制对图书馆运营水平的提高发挥着很大的作用。

(二)以控制者与被控制者是否直接接触为标准进行分类

以控制者与被控制者是否直接接触为标准，可以将图书馆控制细分为以下两类。

1. 直接控制

所谓直接控制,就是控制者与被控制者直接接触进行控制的形式。在图书馆实际管理活动中,直接控制是通过行政命令来进行的。它是一种最直观、也是最简单的办法,但往往因控制忽略了管理中人的因素而无法使图书馆系统效果达到最佳。

2. 间接控制

所谓间接控制,就是控制者与被控制者不直接接触而是通过中间媒介进行控制的形式。这种间接控制的办法由于减少了需要处理的信息量,调动了工作人员的积极性,更有利于图书馆系统优化。但是,间接控制是在出现了偏差、造成损失之后才采取措施,从而有可能失去解决问题的最佳时机,导致本来完全可以避免的严重后果。

四、图书馆控制的内容

图书馆控制的内容有很多,其中较为重要的有以下几个。

(一)图书馆馆员控制

图书馆馆员在图书馆各种服务和业务工作中占有核心地位,而且图书馆馆员的职业素养和服务能力决定着图书馆运营服务质量的优劣。因此,在开展图书馆控制时,图书馆馆员控制是不可忽视的一项内容。通常来说,图书馆馆员的控制主要包括两个方面:一是对图书馆馆员进行选择,二是对图书馆馆员进行培训。

(二)图书馆馆藏资源控制

图书馆要为用户提供服务、要实现自身价值的增值,都需要依赖馆藏资源。因此,图书馆管理者需要对馆藏资源进行更为严格和细致的控制,包括馆藏资源利用、获取的各种影响因素的协调以及用户的反馈。

(三)图书馆信息控制

在当今的信息社会,信息发挥着越来越重要的作用。不精确、不及时的信息会大大降低组织效率。因此,在现代图书馆组织中,对信息的控制显得尤为重要。图书馆信息控制就是要建立一个管理信息系统,使它能及时地为管理者提供充分可靠的信息。

（四）图书馆财务控制

图书馆财务控制的目的是防止错误地分配资源，以及保证及时提供紧急信息反馈，以便更正错误的行为。因此，在开展图书馆控制时，必须要包括图书馆财务控制这项内容。

（五）图书馆作业控制

图书馆作业是指文献采访、分类、编目、典藏、流通、咨询等各种工作。图书馆作业控制就是通过对作业过程的控制，来评价并提高作业的效率和效果，从而提高服务质量。采访控制、服务控制、分类控制、编目控制等都是有效的图书馆作业控制方法。

（六）图书馆绩效控制

图书馆绩效是管理者的控制对象，图书馆要对其进行有效控制，最为关键的是对图书馆绩效进行科学、客观、全面的评价与衡量，即要根据图书馆完成目标的实际情况并按照目标所设置的标准来衡量。

五、图书馆控制的要求

图书馆控制的要求，具体来说有以下几个。

（一）图书馆控制的可理解性

图书馆控制的可理解性，指的是图书馆所采取的控制机制对于图书馆馆员而言必须是易于理解的。如果图书馆的控制机制对馆员来说过于复杂，则应重新设计，使之不仅满足其需要，而且也能为馆员所理解。

（二）图书馆控制的客观性

图书馆控制的客观性是对图书馆控制工作的基本要求。在整个图书馆控制过程中最容易引起主观因素的介入，尤其是对人的绩效进行衡量更是如此。因此，图书馆管理者要特别注意自己的评价工作，严防在评价工作中过多地加入自己的主观控制，以确保评价结果的客观性和准确性。

（三）图书馆控制的灵活性

图书馆控制的灵活性指的是图书馆控制系统在适应变化上应具有灵活性。当社会环境和技术环境要求变化时，图书馆控制机制必须允许变化，否则控制就会失败。例如，采访馆员在执行采访工作任务的早期，遇到的各种情况发生了变化，那么图书馆管理者应能认识到这点并随之调整计划和标准。如果该任务遇到了突发困难，而情形又并非是采访馆员所能控制的，则管理者又必须调整该采访馆员的考绩标准。图书馆控制应考虑各种可能因素，使控制更具有灵活性。

（四）图书馆控制的及时性

图书馆控制的及时性指的是图书馆控制应能有效发现偏差、及时地提出问题，并积极采取措施纠正偏差，尽量减少发现偏差与纠正之间的时滞。如果信息滞后，往往会造成不可弥补的损失。如采购图书时存在质量问题，过了索赔期，对方就不承担责任。纠正偏差的较好办法是采取预防性的控制措施，使图书馆计划在实施的最初阶段就能严格按照标准方向前进。一旦发现偏差，就要进行及时纠正，并对以后的实施情况进行预测，使控制措施针对将来，这样即使出现时滞现象，也能有效地加以更正。

（五）图书馆控制的全局性

图书馆控制的全局性指的是图书馆开展控制工作时，要从图书馆的整体利益出发，同时要考虑到各部门或个别局部利益，把整体利益与各个局部利益相协调，这样才能使图书馆控制得以顺利进行。

六、图书馆控制的模式

就当前而言，图书馆最常用的控制模式有以下两种。

（一）文化控制

所谓文化控制，就是图书馆利用自身的远景、共同的价值观和行为规范来实施控制。这种图书馆控制模式要依托于强大的图书馆组织文化，因而其权威与权力属于非正式的、内隐的控制方式，给图书馆馆员的指示是整体的，而非特定的。因此，图书馆在运用这种控制模式时，可以借助于以下几个有效的举措。

1. 积极构建科学合理的组织和规章制度

积极构建科学合理的组织和规章制度，对于图书馆文化控制的实施有重要的推动作用。这是因为，制度化是创建“执行文化”、将文化理念转化为馆员自觉行为的关键。所谓制度化，就是把图书馆倡导的价值观转化为具有操作性的管理制度的过程。因此，任何管理制度都是在某种具体价值观指导下制定的，都有文化的蕴含。图书馆馆员首先接受、认知图书馆的制度，然后产生情感，积极的情感产生积极的行动，积极的行动使制度他律变为文化自律。如果制度能够被馆员普遍认同，那么制度就内化为馆员的传统或文化。

2. 通过优秀图书馆馆员来传播图书馆文化

图书馆馆员对图书馆文化的发展有着重要的影响，因此图书馆在实施文化控制时，要注意通过优秀图书馆馆员来传播图书馆文化，以确保图书馆文化被更多的图书馆馆员所接受。

3. 加强交流与沟通

图书馆在实施文化控制时，可以利用会议、培训、聚会等形式，为各部门提供相互交流的机会，或是利用临时任务小组或永久性团队等增强各部门之间的相互了解与接触。

（二）自我控制

图书馆的自我控制模式是以图书馆馆员愿意在工作中发挥自己的聪明才智和创造性为前提的。也就是说，图书馆自我控制模式就是图书馆通过馆员自觉地控制自己的行为和成绩，来实现对图书馆各项工作的有效控制。图书馆在运用这种控制模式时，可以借助于以下几个有效的举措。

1. 积极引导图书馆馆员参与管理

积极引导图书馆馆员参与管理能够发挥图书馆馆员的聪明才智，促使图书馆馆员实现自我价值，还能够满足图书馆馆员受人尊重、信任的高层次需要。同时，在参与管理过程中，图书馆馆员可以了解图书馆的远景规划和发展目标，了解个人在组织目标实现中的价值所在，了解组织目标实现对个人目标实现的意义。如此一来，图书馆馆员便能产生强烈的使命感和责任感，继而积极促进自身与组织的一体化。

2. 根据图书馆目标对图书馆馆员进行灵活授权

根据图书馆目标对图书馆馆员进行灵活授权，对于图书馆自我控制模式的有效实施也有重要的推进作用。在授权的过程中，要注意便于下属根据目标要求，自主决策、调配资源；要让下属感到自己被信任，继而自觉承担自己的目标任务，积极地进行自我管理，从而自觉地达到目标。

3. 积极实现组织目标与个人目标的统一

只有组织目标与个人目标达到完美契合时，才能在图书馆馆员的内心产生巨大的推动力和自我约束力。如此一来，图书馆馆员便能产生积极行动力，并在行动的过程中进行良好的自我约束，继而高质量地完成任务。

4. 重视图书馆组织文化的建设

良好的图书馆组织文化能够有效激发图书馆馆员的工作积极性和主动性，因此，要想有效地实施图书馆自我控制模式，必须重视图书馆组织文化的有效建设。而在具体建设图书馆组织文化时，应注意使组织的使命、目标贯彻到馆员工作中，使之形成组织共同的价值观、组织精神和行为方式。

5. 积极提高图书馆馆员的素质

积极提高图书馆馆员的素质，对于图书馆馆员进行有效的自我控制也有重要的作用。而在提高图书馆馆员的素质时，要重视在思想上加强对馆员的职业道德、全局观念、协作意识的培训，以增强其责任意识和整体意识，提高其对组织目标和个人目标关系的理解，了解个人目标的价值所在及其在整个组织中的目标位置和意义，最终激发其责任感，并积极有效地开展工作。

第八章　图书馆人力资源管理及其建设

人力资源是重要的社会资源和经济资源，在人类组织活动中发挥着积极的能动作用。图书馆作为社会信息交流的有机实体，人力资源是图书馆文献资源之外的又一宝贵战略资源。本章就图书馆人力资源管理及其建设进行探讨。

第一节　图书馆人力资源管理的内涵

一、图书馆人力资源管理的概念

人力资源是图书馆生存和发展的基本要素与动力，对图书馆事业的发展有着决定性的作用。图书馆人力资源管理，就是运用人力资源管理的基本理论和行之有效的工作方法，不断开发图书馆工作人员的潜能，实现图书馆馆员的全面发展。图书馆人力资源管理的目的就是要通过人力资源的合理调配与培训，建立图书馆组织机构与工作人员之间的良好互动关系，实现图书馆各种资源与人力资源的最佳结合。

二、图书馆人力资源管理的内容

图书馆人力资源管理的目标是图书馆的人力资源管理部门对图书馆的人力资源需求进行预测，做出人力需求的计划，通过招聘和选择人员并进行有效的组织，从而促使员工完成自己的职责和需要达到的绩效。图书馆人力资源管理是对图书馆内人力资源进行的管理，其管理内容如图8-1所示。

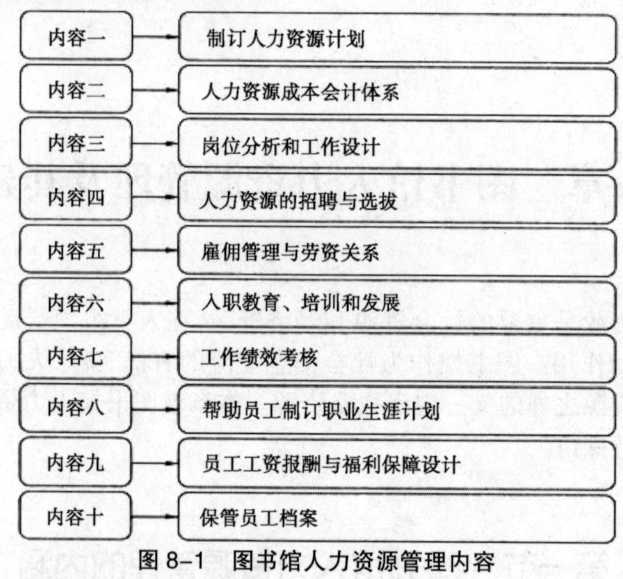

图 8-1 图书馆人力资源管理内容

三、图书馆人力资源管理的原则

在图书馆人力资源管理活动中应遵循“以人为本”的指导思想，坚持体现以下几个基本原则。

（一）以需要和能力为标准

在图书馆人力资源管理活动中应充分注意按照因事择人、因才启用的管理规律，不但要根据工作岗位的实际要求来选拔和使用各类专业人员，同时还应根据人们的能力和素质的差异去安排不同的工作，实现组织中的人力资源的“能位匹配”。

现实中，如果将不适合的人错放在了不合适的岗位上，且不说这个人是否缺乏一定的能力和水平，只是由于其所用非其所学，能力、兴趣爱好、气质性格等并不适合该岗位要求，那么无论组织的人力资源管理制度多么健全，激励机制多么灵活完善，岗位的错位就已让这样的员工体现不出其才华与能力，难以作出大的贡献。管理中“大马拉小车”“小马拉大车”的现象就是大材小用和小材大用的问题。

图书馆人力资源管理应通过加大对馆员的培训、人岗的合理配置和管理，使图书馆的“人”与“事”交互作用与发展，馆员在职业上得到发展，同时也为图书馆事业发展作出更大贡献。为了实现这一目标，图书馆就必须将最合适的人放在最能适合其发挥作用的职位上，实现人与事相宜，努力调动馆员的工作积极性。

由于变化的必然性，人和图书馆都是在不断变化发展的。一是人的方面。在人的状态发生改变时，人的能力、需求在不同的时间段会有不同的变化。比如，随着时间的推移，有的人才能增强了，有的人能力日渐衰退了，有的人知识能力进入恒定状态，有的人突出的优势才能转移了。总之，“人”在一个时间段之内与“事”的关系是相互适应的，过了一段时间又可能不再相适应，不断地发展和变化着。二是图书馆方面。图书馆内部各岗位工作职责要求也会随着内外部环境变化而有所变化，要求也会不断地提高。原本匹配的人和事之间的关系，会因为图书馆事业的快速发展变化而变得不再相匹配。因此，图书馆的人与职位是静止不变的，不可能永远匹配相宜。图书馆的人力资源管理者，只有始终坚持人与事相匹配的原则，实现动态管理，不断进行合理的调整，打破固定身份，取消岗位终身制，实现人才的动态平衡流动，才能构成一个和谐的图书馆有机整体。

（二）刚柔相济

以思想和行为为中心，这是图书馆人力资源管理基本思想的具体体现。通常情况下，人力资源管理既需要凭借规章制度的监督和约束进行刚性的条条框框的制度控制，也需要依靠参与、授权、激励和诱导等各种方式进行人性化的柔性管理，充分尊重员工，进而实现员工的自我管理。在图书馆人力资源管理过程中，就应采取柔性管理策略，认真观察图书馆工作人员的思想和行为的变化，注重维护图书馆工作人员的利益，强调对图书馆工作人员的人性化管理，激发他们的工作热情，为图书馆工作人员创造良好的工作环境，使之努力实现图书馆的既定目标。柔性管理是一条无形的线，不仅贯穿于人力资源管理思想之中，而且需要通过人力资源管理的实践加以体现。两种管理控制手段相辅相成，相得益彰。

（三）公平

任何一个组织的成员，即使他地位再低，也都有其人格尊严，都希望能得到他人的理解、尊重和平等的对待，希望自己对工作产生的看法和建议有人愿意倾听并被采纳。在图书馆人力资源管理中，要充分体现公平原则，图书馆的管理者需要从以下几个方面着手：第一，图书馆所有的管理制度要具有明确一致的原则作指导，有可操作性强、清楚明确、统一的规范作依据，做到管理工作有据可依，有章可循。第二，图书馆内部人力资源管理要避免暗箱操作，要做到管理事务的公开和透明化。第三，图书馆管理者要为馆员创造机会均等、公平竞争的环境，引导馆员把注意力由集中在结果的均等转移到机会的均等上来。第四，图书馆的管理者要及时和耐心细致地体察馆员的心理状态变化，并随时加以认真分析，做好疏通引导工作。

（四）员工参与管理

员工参与管理，可以有效地激起员工主人翁的价值感和责任感，继而将组织的目标转化成员工自己的个人目标，让员工感觉对组织有利的也是对他们自己有利的，从而调动员工的工作积极性、创造性。

员工参与管理，他们为工作、为组织的发展建言献策，即使他们的意见、建议不一定被采纳，也会让员工体验到他们的价值所在。在员工得到心理满足后，也不会对组织和管理者们有过多的抱怨和不满，他们会从内心更加理解和支持上层的决策和意见，会减少对组织计划、目标和制度的抵触。

员工参与管理，员工心中会形成与组织共同的愿景。共同愿景能改变员工与组织之间的关系，员工会产生一种归属感，使员工意识到他们个人的利益和组织的利益是一致的，组织变得不再是“他们的组织”，而成为“我们的组织”。当组织遇到危机时，员工会积极主动帮助组织解决难题，献计献策，渡过难关。同样，当组织处在平稳发展时期，员工也会拥有与组织荣辱与共的意识。

员工参与管理，可以通过多种途径，最主要的形式有分享决策权、代表参与、QCC 小组（Quality Control Circle，质量控制小组）等。员工实实在在地参与管理，不再是盲目被动地为执行组织决策而工作，而是清楚明了积极主动地投身工作之中，工作绩效也随之相应地得到提高。

为了高效利用图书馆的人力资源，充分调动图书馆人力资源的积极性，在图书馆的人力资源管理中，应当积极培养和争取馆员的参与，工作中认真地听取馆员的意见和建议，并对献计献策的馆员进行适时适当的奖励。当馆员在参与图书馆的管理过程中感受到了被尊重、受重视时，馆员的主观能动性、工作积极性就能得到最大限度的发挥，从而实现图书馆与馆员之间荣辱与共、共同进步、共同发展。

（五）激励

激励是人力资源管理的重要手段之一，它是心理学的一个名词术语。

心理学研究表明,人类的行为基本遵循这样一个规律:需要—动机—行为—目标,之后再产生新的需要。人的行为受其动机支配,而人的动机是由人的需要引发的。即需要产生动机,动机就驱使着人们找寻目标。将激励这个心理学的概念运用于图书馆人力资源管理中,是为了激发高校图书馆馆员的工作动机,即通常所说的调动图书馆馆员的积极性。利用各种有效的手段调动馆员的积极性、创造性,启动馆员的内在动力,充分发挥馆员的主观能动性,使馆员努力去完成图书馆分配的任务,从而实现高校图书馆的目标。

要实现有效激励,就必须知道人们现有的需求处于何种层次,然后再设计出合理的激励机制。美国人本主义心理学家马斯洛认为,人的基本需要像阶梯一样从低到高按层次分为五种,即生理的需要、安全的需要、交往的需要、尊重的需要以及自我实现的需要,它们是由低到高逐步产生发展起来的。当低层次的需要得到相对满足之后,又会产生更高层次的需求。已得到基本满足的需要不再具有激励作用,而只有未满足的需要才能影响人的行为,才具有激励作用。

激励的出发点是满足人的多层次和多元化的需要,图书馆在制定和实施激励政策的时候,要适时了解掌握馆员的需求层次及需求结构的变化状况,采取具有针对性的按需激励措施,以便收到实效。由于激励是人的主观感受,其成效取决于内因,所以激励要因人而异。

利用工作本身可以起到激发和调动人的积极性的重要作用。所以,图书馆在激励馆员时,首先应当采用工作激励法,即要考虑把每个馆员放到适合他的岗位上,并积极创造条件定期轮换工作岗位,赋予馆员更大挑战性的工作,增加和刺激他们对工作的新鲜感,激发他们的工作热情和激情。另外,不同形式的物质奖励、职位晋升、岗位培训、适时调整工作环境及提供其他良好的发展机会等激励方式也可以选择运用。

此外,在图书馆人力资源管理实践中,无论每个馆员的需要处于哪一个层次,也无论每个馆员的其他需求有何种差异,希望得到别人的尊重和认同的精神需求是每个馆员都有的。精神激励比较而言不仅成本较低,而且往往还能达到物质激励难以取得的效果。

图书馆应当充分重视对馆员进行精神方面的激励,可以将精神方面的激励和物质方面的激励相结合使用,这样可以极大地激发馆员的自豪感和成就感,使激励效果倍增。

图书馆对馆员的激励,奖与罚必须要分明。激励不能搞成平均主义的分配方法,这实际上就等于奖差罚优,应有的激励作用必然失去,绝对平均等于无激励甚至反激励。激励应当与个人的工作实绩真正挂钩,勇于重奖有功者,相应地也要敢于重罚给工作带来重大损失的人。奖励与惩罚并用,并不意味着奖励与惩罚并重。事实上,惩罚手段是不能频繁使用的,要以奖为主、以罚为辅。并且,奖励和惩罚必须要适度,激励中刺激量的大小要把握好。激励的量大或小,应当以被激励者的工作业绩为参考标准。奖励不适度或惩罚不适度都会对激励效果产生影响,同时增加激励成本。可以说,激励原则运用的好与坏在一定程度上是决定图书馆事业兴衰成败的一个重要因素。

总之,图书馆激励措施要因人而异,因时而动,形式多样,内容丰富,奖人所需。只有这样,才能最大程度调动图书馆馆员的工作积极性。

第二节　现代图书馆人力资源管理的基本过程

现代图书馆人力资源管理的基本过程一般包括人力资源规划、人员招聘、人员挑选、人员培训、绩效评估、职业生涯规划和设计、薪酬福利设计等几个环节。人员培训及职业生涯规划设计的相关内容将在其他节进行详细阐述,这里不再展开。

一、图书馆人力资源规划程序

图书馆人力资源优化配置的程序主要包括以下几点。

(一)人力资源预测

为达到图书馆人力资源的优化配置,首要程序是对图书馆的人力资源进行预测,即对馆内人力资源的层次、结构及其流动情况进行动态预测和决策,进而预测图书馆的人力资源需求和可能的供给,确保图书馆在需要的时间和岗位上获得所需的合格人才。图书馆人力资源预测是在了解和掌握图书馆未来职能和工作任务、现有人员是否具备图书馆所要求的条件、目前工作将来是否需要、该工作的定编定员是否合理以及图书馆现存人力资源等的基础上,对一定时期内图书馆人力资源总体需求的预测。在进行人力资源内部供给预测的时候,应充分利用图书馆内的人才资源信息系统,认真分析图书馆现有人才资源的整体结构,全面了解图书馆现有人员的个体情况,并由此预测出现有人才资源可满足图书馆未来需求的程度。当图书馆的发展使得内部供给不能满足需要时,有必要从外部寻找供给的资源。外部供给预测是一种宏观资源环境分析，因此，必须分析规划图书馆可开发的人才资源的密集程度、素质状况及当地产生与更新人才资源的能力。这是规划图书馆制定人才资源开发战略的现实基础。但是，外部供给预测要受众多因素的影响，如人口变动、经济发展和人员受教育的水平、对图书馆专门技能的要求、政府的宏观政策、整个社会的就业和失业率等。

人力资源预测过程一般包括以下五个方面的内容：第一，对图书馆人力资源的历史状况与现实状况进行存量分析。第二，对图书馆人力资源需求进行预测。第三，制定图书馆人力资源开发战略。第四，制定图书馆人力资源开发的政策性措施。第五，制订图书馆人力资源开发计划。

（二）图书馆岗位设置与工作分析

图书馆岗位设置过程包括确定岗位名目、划分岗位类别和级次、设置固定岗位职数。通过对图书馆各岗位进行准确而细致的分析，确定每个岗位所应完成的工作任务、所负的职责以及应具备的任职资格条件等。在图书馆内，岗位按不同性质的工作规律、特点和内容来确定，既不能任意划分，也不能机械地对工作切割，而是要将各项工作科学地综合分类。一个工作单元可以由若干人员承担，也可以由一个人承担若干工作单元。确定岗位职责范围时，要使各岗位责任尽可能定量化，也就是说，对能计量的工作要规定其定额指标。图书馆每个岗位的具体任务既有专业性、学术性的一面，又有服务性、事务性的一面，某些具体任务还可能是随机性和临时性的。所以，在确定每个工作人员的具体任务时还应认真考虑各人的文化程度、专业素养、业务能力和知识结构，做到因人而异、因才而异。

（三）对个人岗位进行合理匹配

图书馆岗位有层次和种类之分，它们占据着不同的位置，处于不同的能级水平。合理的人力资源配置应使人的能力与岗位要求相对应，即每个人所具有的能级水平与所处的层次和岗位的能级要求相对应。

二、人员招聘

图书馆招聘员工，可招可不招时尽量不招；可少招可多招时尽量少招。招聘来的人一定要充分发挥其作用。公平竞争是使人才脱颖而出的基本条件,只有公平竞争才能吸引真正的人才,才能起到激励作用。

图书馆员的招聘主要分为内部招聘和外部招聘两种形式。外部招聘有利于拓宽图书馆的专业,比内部培养的成本低,但招来的人员需要较长的调整适应期。内部招聘有利于提高晋升者的士气,但易导致“近亲繁殖”。

内部招聘的途径主要有馆员推荐计划、核人事记录、查询人员后备库。

外部招聘来的一般是主动求职者,主要来自职业介绍机构、猎头公司、大中专院校。外部招聘可通过报纸和行业刊物、网络、广播和电视发布招聘广告。

图书馆员的招聘流程:获得应聘者简历→初选→筛选→测试→人员聘用。

招聘结束后,还应对整个招聘工作进行检查、评估,及时总结经验,纠正不足。评估结果要形成文字材料,供下次参考。

三、人员的挑选

人员挑选的目的是为图书馆挑选合适的员工。它能降低培训成本,因为人才选拔的要求越具体,将来的培训成本就越低。实施人员选拔,要经过相关测试。进行有效的测试,第一,要分析工作,对工作进行仔细说明,明确承担这项工作的人员必备的技能、潜质,制定成功做好这项工作的标准。第二,要选择测试项目。第三,实施测试,检验测试是否有很高的效度。第四,将测试分数与绩效相结合,看二者是否存在一致性,是否分数越高,实际工作绩效越高。需要注意的是,图书馆要挑选出与图书馆的工作相适合的人员,而不是最优秀的人员。

四、绩效评估

绩效评估也称绩效考评,主要包括业绩评定和素质评定。具体指员工的工作完成情况、工作态度、员工的性格、知识技能以及对工作的适应性等。通过绩效考评,能够掌握员工在完成组织目标中的贡献和不足。绩效考评的结果可以作为评定员工升迁、调配、奖酬和解雇的依据。

五、薪酬福利设计

薪酬是指员工从事公共部门所需要的劳动而得到的以货币或非货币

形式的补偿,是组织支付给员工的劳动报酬。合理的薪酬制度不但能有效地激发馆员的积极性、主动性,促使馆员不遗余力地为图书馆目标奋斗,提高效益,而且能在人力资源竞争日益激烈的知识经济下吸引和保留住一支高素质、高竞争力的员工队伍。

(一)薪酬体系规划设计的步骤

与其他管理体系的规划设计一样,薪酬体系的规划设计有以下几个步骤,如图 8-2 所示。

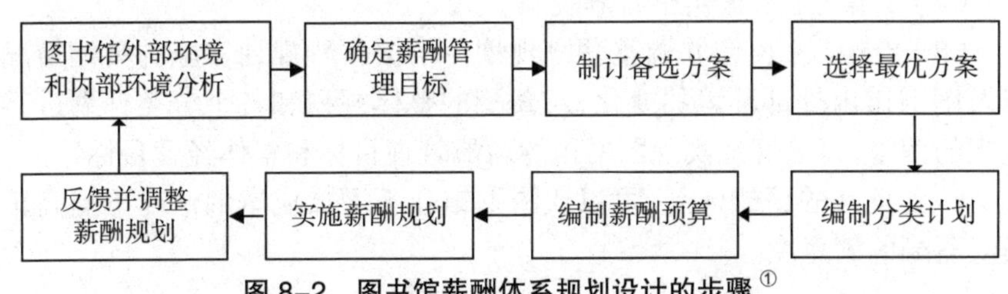

图 8-2 图书馆薪酬体系规划设计的步骤[①]

(1)步骤一:分析图书馆的外部环境和内部环境。为了使薪酬体系能够和图书馆管理的其他方面相互配合、相互协调,并帮助图书馆实现预定的经营目标,在进行薪酬体系规划时,首先应当对图书馆所处的内外部环境进行仔细分析。

从图书馆所处的外部环境来看,影响图书馆薪酬体系规划的因素主要有以下几个:与薪酬管理有关的法律法规,劳动力市场的供求关系与竞争状况,地区及行业的特点与惯例,当地生活水平。

从图书馆自身的内部环境来看,影响企业薪酬体系规划的因素主要有以下几个:图书馆的发展战略和竞争战略,图书馆的经营状况与实际支付能力,图书馆的人力资源管理哲学与图书馆文化。

(2)步骤二:确定薪酬管理的目标。除了考虑为馆员提供最基本的生活保障及如何符合相关法律法规的要求,图书馆为馆员提供薪酬,通常还会同时考虑以下几种目标:帮助图书馆控制经营成本,帮助图书馆改善经营业绩,帮助塑造和强化图书馆文化,支持图书馆变革。

(3)步骤三:制订备选方案。其包括直接薪酬支付基础的确定、薪酬水平策略的选择、分配标准的制定及一些特殊政策的制定等。

(4)步骤四:选择最优方案。在设计了多个备选的整体薪酬方案之后,图书馆需要根据自身的经营目标和薪酬管理的目标,对各个方案做出

① 杨浩.人力资源管理[M].上海:上海财经大学出版社,2011:149.

评价和比较,并从中选出最优方案。

(5)步骤五:编制分类计划。在确定了整体的薪酬方案之后,可以据此进一步编制更为细化的分类计划,包括工资调整计划、奖励计划、福利计划等。

(6)步骤六:编制薪酬预算。由于图书馆经营通常受到成本方面的约束,因此,在编制了各个分类计划之后,还需进行薪酬预算,以使薪酬计划数字化和进一步细化。这些预算通常包括薪酬总额预算、现金薪酬预算、基本薪酬预算、奖金预算、福利预算等。

(7)步骤七:具体实施薪酬规划。

(8)步骤八:反馈并调整薪酬规划。根据薪酬规划实施的具体情况以及图书馆内外部环境的变化,对薪酬的整体规划和各个分类计划进行适当的调整,以更好地实现图书馆的薪酬管理目标和整体经营目标。

一套良好的薪酬体系,可以让图书馆在不增加成本的情况下提高馆员对薪酬的满意度。

(二)奖金、津贴及福利的设计

(1)对全勤的馆员进行奖励。鼓励馆员出全勤,考评奖金根据每月考评结果发放,使薪酬与月度考评挂钩,提高短期激励效果。可以根据考评结果将奖金与固定工资挂钩。年终奖是根据图书馆全年的业绩情况发放奖金,以鼓励馆员更关心图书馆利益。项目奖金是开发一项专项工作时发放项目奖金,以鼓励馆员开拓创新。

(2)津贴的设计。可以根据实际情况,将津贴设计为交通(住房)补助津贴、电话费津贴、节假日加班津贴、误餐补助津贴、出差补助津贴、特殊任务津贴等。

(3)福利。从本质上讲,福利是工资的转换形式,是一种补充性报酬,但往往不以货币形式直接支付,而多以实物或服务的形式支付(如带薪度假、带薪病假等),或为延期性支付(包括各类保险金支付、以优惠价购买本企业股票等)。根据我国劳动法有关规定,馆员福利可分为“社会保险福利”和“用人单位集体福利”两大类。社会保险福利是社会为了保障馆员的合法权力,而由政府统一管理的福利措施。它包括社会养老保险、社会失业保险、社会医疗保险、工伤保险等。用人单位集体福利,是图书馆为了吸引人才或稳定馆员而自行采取的福利措施,如馆员培训计划、集体活动等。在很大程度上,福利、奖金、津贴已经成为吸引、保留和激励馆员的重要手段。

第三节 图书馆人力资源的培训与馆员职业生涯开发管理

一、图书馆人力资源的培训

(一)图书馆人力资源培训的内容与方法

1. 图书馆人力资源培训的内容

现代图书馆人力资源培训着重于以下几个方面的能力培养:基本技能培训、解决实际问题能力的培训、人际交往能力的培训、态度培训。

2. 图书馆人力资源培训的方法

图书馆人力资源培训的方法有多种,具体采用哪一种,应根据培训的目标、内容和对象而定。一般来说,可分为在职培训和脱岗培训两大类。

(二)图书馆人力资源培训的过程

图书馆人力资源培训是图书馆一项极其重要的工作,它需要制订合理的计划,遵循基本的程序。具体来说,培训的基本过程包括以下几个步骤。

(1)评估个人或工作的培训需求。即要明确培训哪些人,培训什么内容。

(2)确定培训目标。即要明确通过培训达到什么目的。

(3)实施培训。即采用具体的培训技术、方法,对培训对象进行培训。

(4)评估培训的结果。即将培训前后情况进行对比,检测是否达到了培训目标。

二、图书馆员的职业生涯开发与管理

职业生涯开发与管理是一个满足馆员和图书馆人才资源需要的互动过程。馆员追求自我事业的动力是馆员和图书馆之间相互促进、共同发展的最佳结合点。图书馆管理者应当关心馆员的个人成长,培养馆员的兴趣，调动馆员的积极性，支持他们发展自我事业，以适应图书馆发展的需要。通过员工和组织的共同努力与合作，使员工的个人目标与组织的发展目标一致。

（一）图书馆馆员职业生涯开发与管理流程

现代图书馆馆员职业生涯开发与管理流程，从社会和谐发展目标开始，分化出图书馆发展目标、员工个人发展目标，再到职业生涯发展目标，促进员工个人不断成长，组织也得到不断发展，员工和组织互相促进。具体如图 8-3 所示。

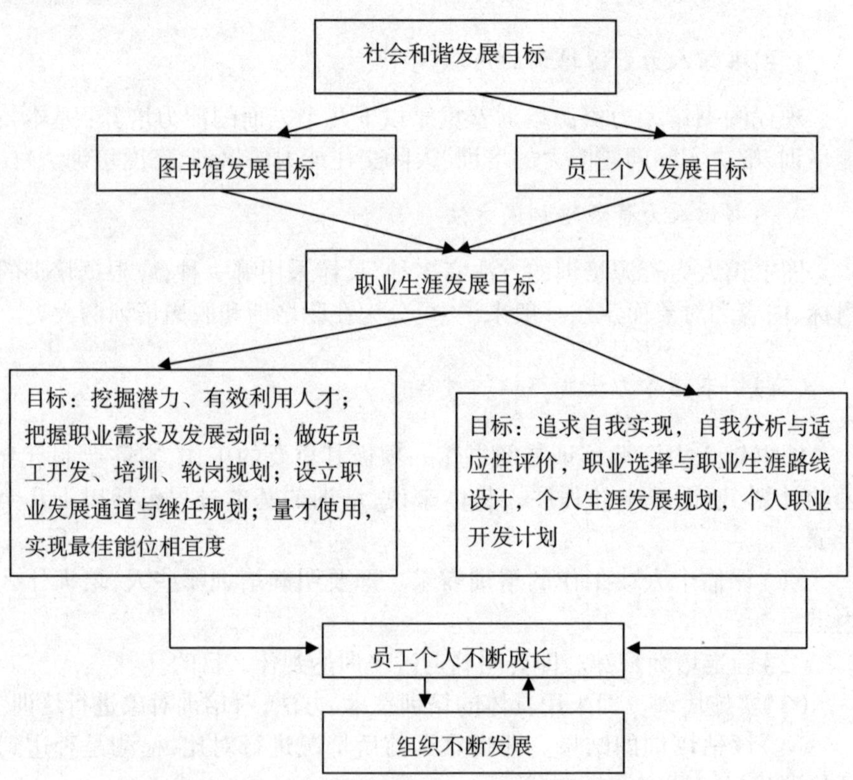

图 8-3　现代图书馆馆员职业生涯开发与管理流程[①]

（二）图书馆馆员职业生涯开发与管理类型

现代图书馆馆员职业生涯开发与管理可以从横向、纵向、核心向、网

① 刘兹恒，徐建华，张久珍 . 现代图书馆管理 [M]. 北京：电子工业出版社，2010：201.

状、纵横双重向五种类型开展(图 8-4)。

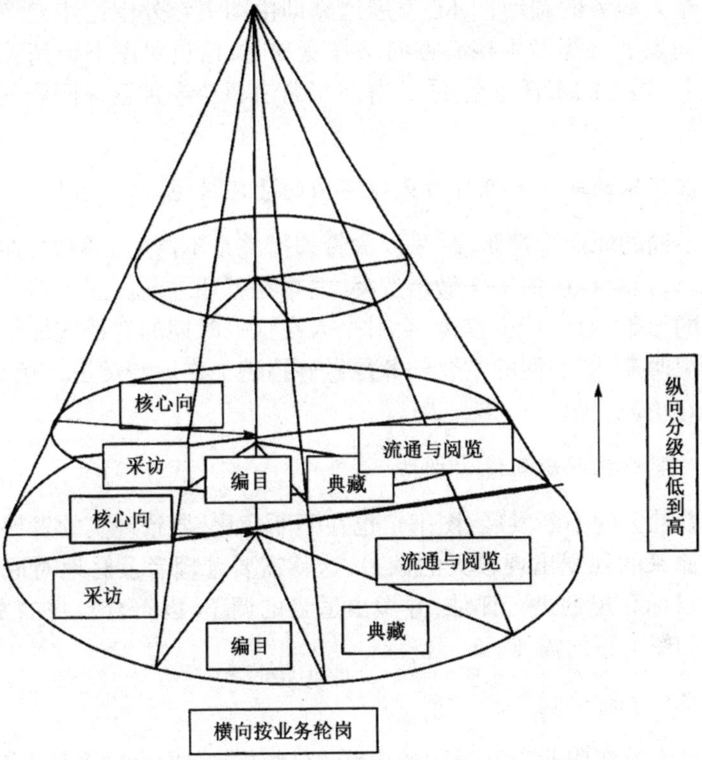

图 8-4　现代图书馆馆员职业生涯开发与管理类型[①]

(三)图书馆馆员职业生涯开发与管理的方法

1. 制定和执行职业生涯规划

个人制定职业生涯规划,是从长远的考虑出发,希望得到职业上的成功。但当一个人进入组织后,职业生涯规划基本取决于组织所能提供的实际工作岗位。因此,只有图书馆参与工作人员的职业生涯规划,工作人员的个人职业目标才有可能实现。

2. 开辟不同的职业生涯道路

现代图书馆必须依据每个工作人员的特点,设立新的、合理有效的职业生涯道路。职业生涯道路包括纵、横、向心三个方向。纵向发展道路即

① 刘兹恒,徐建华,张久珍.现代图书馆管理[M].北京:电子工业出版社,2010:202.

馆员个人职位等级的升降;横向发展道路即图书馆中各平行部门和单位间馆员个人职务的调动;向心发展道路即由图书馆外围逐步向图书馆的核心方向发展。当发生核心方向工作变动时,馆员对图书馆情况就会了解得更多,担负的责任也会更大,并且经常有机会参加重大问题的讨论和决策。

3. 在不同的职业生涯阶段采取不同的管理措施

在不同的职业生涯阶段,采取的管理措施是不同的。例如,在职业准备阶段,人们对自己的工作做出选择,发生在就业之前。图书馆如果能树立良好的形象,对外积极宣传,会对个人在这一时期的选择施加影响。在进入组织时期,图书馆的主要任务是做好招聘工作。新员工入馆后,图书馆要做好培训。

4. 对职业生涯规划做出评估

随着社会的不断发展,图书馆也在不断变化,导致现实的发展不可避免地与原来的规划出现较大的偏差,这就需要管理者及时地对原来的职业生涯目标和规划进行评估,并做出适当的调整,以符合自身的发展,满足社会和图书馆的需要。

5. 提供各种培训

工作人员在职业生涯发展的道路上,为了承担更大的责任、完成更重要的工作、在图书馆中担任更高级的职务,就需要不断补充新的知识,学习新的技能。为了促进馆员职业生涯的发展,图书馆应该不定期地向馆员提供进修、培训和继续教育的学习机会。这些培训不仅要考虑到工作人员当前的工作所需,更要重视他们的未来发展要求。

6. 扫清职业生涯道路上的障碍

图书馆工作人员在其职业生涯发展的道路上,有时会遇到一些障碍,这些障碍主要来自两个方面,一是自身工作能力,二是其他非工作因素,如由于需要照顾家庭而无法在工作中投入更多的精力等。现代图书馆在对工作人员职业生涯的管理中需要考虑到这些因素,有针对性地对工作人员进行培训教育,要关心工作人员的个人生活,为他们解决实际生活困难。

7. 塑造“明星馆员”

“明星馆员”是指对图书馆的效能和发展具有重要价值且能产生重大影响的馆员,通常情况下是在馆内各个部门担任重要职位,或在图书馆行业中具有相当知名度和专业影响的人才群体。“明星馆员”对于图书馆的发展具有重要的战略价值，通过他们可以起到社会层面的调适作用，不断提高图书馆的社会地位，增强图书馆职业威望，增强全体馆员的图书馆职业意识、使命感和归属感，向社会彰显图书馆的价值和文化。

第九章　现代图书馆管理的创新

在21世纪,社会的信息化进程促进了人们思想观念的转变,开放和平等的观念深入人心,以信息、知识等无形资产为代表的新财富观逐渐形成。在社会的物质条件方面,现代信息技术不仅极大地缩短了信息传递的时空跨度,也带来了社会分工的细分化、专业化以及信息服务的个性化、专门化发展;市场经济环境日臻成熟,人员、技术、设备、资金等生产要素的流动更加规范和有序。就图书馆自身而言,也步入了一个多元化的发展时期,需要面对更为激烈的市场竞争环境。这就决定了图书馆要想获得进一步发展,必须要重视管理创新。

第一节　我国现代图书馆管理建设

现代图书馆管理就是图书馆全面运用现代管理理念,用以指导自己的全部活动,继而不断提升自己管理水平的过程。现代图书馆需要管理的现代化,因此在开展现代图书馆管理建设时,必须适应新形势、研究新情况、解决新问题,在观念认知上更新、形式方法上创新,以推动图书馆事业进入一个新的发展阶段。

一、现代图书馆管理建设的目的

现代图书馆管理建设的目的,就是根据图书馆的既定目标,合理地对图书馆的构成要素(包括人员、文献信息、建筑、设备、技术方法、经费等)进行组织,并择其最优的组合方法,使之成为一个互相联系、互相制约、互相促进的有机整体,继而促使图书馆系统的功能得到最大限度的提高,确保图书馆能够更好地为广大用户服务。

二、现代图书馆管理建设的重点

在当前开展现代图书馆管理建设时,以下几个方面要特别予以重视。

(一)更新管理理念

在当前开展现代图书馆管理建设时,管理理念的更新是不可忽视的一个方面。只有树立与现代社会以及图书馆发展相符合的管理理念,现代图书馆管理才能顺利开展,现代图书馆管理建设才能取得良好的成效。关于现代图书馆管理理念的更新,可具体从以下几个方面着手。

1. 要根据图书馆读者需求的变化来开展管理工作

对传统图书馆的管理环境进行分析可以发现,其长期以来都是较为稳定的,有直观的资源、固定的用户、明确的需求、成型的服务。在此影响下,图书馆的管理方式就形成了相对固定的形式,即能动整治少,比较借鉴多,积极创意少。与此同时,传统图书馆的管理形成了比较定型的以资源类型、业务流程为基础的组织结构和"馆长拍板决策,部主任具体部署,科组长贯彻执行"这样一种三级纵向基本管理模式。

在当前,图书馆相比之前来说发生了较大变化,不仅其资源、用户大大拓展,而且基本上由计算机管理替代了手工操作、由机读目录替代了卡片目录、由科学规范管理替代了经验管理,更重要的是用户多层次、多样化的需求形成了多类型、多元化的服务方式和服务特点。面对这些新情况,图书馆原有的管理方式和管理模式暴露出越来越多的弊端。为此,现代图书馆在进行管理建设时,必须充分考虑到图书馆读者的需求。也就是说,现代图书馆必须以读者的实际需求为依据来开展管理工作。只有这样,才能确保图书馆组织机构的稳定性,促使图书馆在推动经济、社会以及个人发展方面发挥更大的作用。

2. 要着眼于图书馆的未来发展来开展管理工作

传统图书馆的管理者在开展管理工作时,往往将管理的重点放在近期甚至是当前的工作方面,埋头处理具体事务,对于如何发挥图书馆在全国和各行业中的作用以及图书馆的中长期发展规划关注得比较少。这既导致传统图书馆的管理工作缺乏长效机制,无法取得理想的管理效果;也导致图书馆在先进文化的传播、全面小康社会的建设等方面无法发挥充分的作用。因此,在现代开展图书馆管理时,管理者不仅要关注图书馆的现状,注重近期或当前具体事物的解决,更要关注图书馆在全社会应有的地位和作用,牢牢把握先进文化的前进方向,积极深化体制改革,努力为发展经济、全面建设小康社会服务;注重长远的整体开发、预测与规划,即必须站在事业可持续发展的高度上制定战略目标,设计战略决策,并从当前工作入手,逐步加以实施和完善。

总之,在今后进行图书馆管理建设时,管理者必须要胸怀全局,面向未来,切实开创具有中国特色的社会主义图书馆事业的新局面。

3. 要根据图书馆发展的实际来开展管理工作

传统的图书馆在开展管理工作时,通常采用的是以不变应万变的方式。也就是说,传统图书馆在管理方面很少会根据部门类型、发展阶段和人员结构的不同来设计更为合理的管理模式。由于任何一种管理制度都有其产生的背景和运用的条件,也都有各自的利弊,不深刻理解其精髓,照搬照抄必然矛盾百出,达不到预期的效果。因此,现代图书馆在开展管理工作时,应在保证做好图书馆各项工作的前提下,积极探索新的管理模式,以便管理工作取得更好的成效。

(二)完善管理机制

管理机制是否完善,在很大程度上影响着图书馆管理能否取得良好的成效。因此,现代图书馆在进行管理建设时,必须注重管理机制的完善,具体可从以下两个方面着手。

1. 建立健全保障机制

在当前,图书馆正处于转型发展时期,既有不少的发展机遇,也面临着不少的挑战。面对这一现实,图书馆要想进一步发展,就必须建立健全保障机制。具体来说,在建立与完善图书馆的保障机制时,可具体从以下几个方面着手。

(1)建立健全会议制度

建立健全会议制度,是为了在集思广益的同时,减少决策失误。而图书馆在建立健全会议制度时,应特别注意以下几个方面。

第一,要注意各级会议制度的建立与完善,如党委会、馆务会、馆长办公会等。

第二,要确保所有的重大问题都经过会议讨论后再决定问题解决策略。

第三,要开展会议时,必须遵循民主集中制的原则。也就是说,在会议上要重视集体讨论，民主决策。如有异议，少数服从多数或者暂不表决，再作调研。在特殊情况下，主要领导可定夺决策。

第四，图书馆领导以及管理者要坚决执行会议中形成的决议，以增强会议制度的权威性。

（2）健全民主监督组织

图书馆在完善保障机制时，民主监督组织的完善也是不可忽视的一项重要内容。完善民主监督组织，主要是建立健全参与决策的职代会、从事监督的民主监督委员会、财会审计小组等。其能够在图书馆的发展和管理过程中起到参谋和监督的作用，推动图书馆的各项工作健康有序地向前发展。

需要注意的一点是，这些民主监督组织不是决策机构，不能代替管理人员行使管理权和指挥权。

（3）建立专家咨询系统

图书馆领导在制定决策时，往往需要依靠专家咨询系统。这一系统旨在建立图书馆的“外脑库”和“智囊团”，吸收专家参与图书馆的决策论证，参与民主监督等管理活动。这里所说的专家，既可以是图书馆内的工作人员，也可以是图书馆界与相关各界的专家学者。他们的主要任务是参谋、咨询，负责图书馆在对重大问题决策之前，进行调查研究、顾问咨询工作，为管理者的科学决策提供可靠依据，设计可行方案，并及时把贯彻落实情况反馈到管理决策层，进行必要的指令调整或追踪决策方案。

因此，现代图书馆在开展管理工作时，必须重视专家咨询系统的构建，并不断拓展专家咨询的范围，提高专家咨询的质量。

（4）建立总结评估系统

现代图书馆在开展管理工作中，建立有效的总结评估系统也是十分重要的，具体表现在以下两个方面。

第一，总结评估系统的构建，有助于图书馆管理者及时总结管理工作中的成果，发现管理工作中存在的问题与不足，继而调整相应的管理方式、管理手段等，确保管理水平不断得到提升。

第二，总结评估系统的构建，有助于图书馆管理者预防管理工作中出现重大失误，继而实现预期的管理目标。

（5）建立监督考核系统

在现代图书馆的管理工作中，监督考核系统也发挥着十分重要的作用，具体表现在以下两个方面。

第一，监督考核系统的构建，能够督促各部门和所有图书馆馆员认真履行职责，保证各项工作的进度和质量。

第二，监督考核系统的构建，能够提高各部门和所有图书馆馆员的工作积极性。

图书馆在构建监督考核系统时，应采用部门自查为主、上级检查为辅的办法，以整改为主、惩罚为辅，奖优惩劣、赏罚分明、客观公平为原则。只有这样，监督考核系统才能发挥出应有的作用。

2. 建立有效的竞争激励机制

有效的竞争激励机制的构建，能够激发人的动机，诱导人的行为，使人产生内在的动力，为实现所追求的目标而努力；能够激发人的工作积极性，激发人的工作潜能，从而大大提高工作的效率。因此，现代图书馆在开展管理工作时，必须重视竞争激励机制的构建。

现代图书馆的竞争包括两类，即内部竞争和外部竞争。图书馆的内部竞争包括个体之间和部门之间的竞争，使人们有危机感和紧迫感，造成一种你追我赶的激励环境，从而形成蓬勃向上的动力。图书馆的外部竞争是指图书馆之间以及图书馆与其他信息服务机构间的竞争。通过外部竞争激励图书馆人团结一致，为本馆的生存和发展而积极工作，进而促进图书馆事业的整体发展。

（三）加强业务管理

图书馆的功能及其存在价值，主要是通过其业务活动体现出来的。也就是说，在图书馆的所有工作中，最为核心的工作便是业务工作。因此，现代图书馆在进行管理建设时，必须高度重视业务管理，具体可从以下几个方面着手。

1. 抓好对基础业务的管理

图书馆的建设与发展，必须以基础业务为基本保证。因此，图书馆基础业务的管理是图书馆业务管理的一项重要内容。所谓图书馆的基础业务管理，就是对图书馆的文献信息资源建设进行具体的规划、组织、控制、指挥、协调等一系列活动。针对当前图书馆基础业务工作的特点，在开展图书馆业务管理时，应特别注意以下几个方面。

第一，要针对文献信息资源载体的多样化变化，对文献信息资源的采集方针、采取模式、采集范围等进行评估与调整，以便使馆藏结构更为合理。这对于图书馆形成合理的、具有特色的馆藏文献信息资源具有重要的意义。

第二，要针对业务工作的网络化倾向，及时调整业务格局，重组业务流程，优化文献物流及数据流，充分发挥计算机等现代化技术的作用。这对于提高图书馆的工作效率和工作水平具有重要的意义。

第三，要针对知识组织系统的变化，在充分发挥传统知识组织方式（如分类法、主题法等）作用的同时，积极利用现代技术的优势，探索和实践新的知识组织方式（如元数据、搜索引擎等）。也就是说，要将传统的知识组织方法和现代的知识组织方法有机地融合在一起。这对于图书馆形成更为合理的知识组织系统、促使图书馆的知识资源发挥出更大的作用具有重要的意义。

第四，要注意在由手工工作方式向借助于计算机开展工作这种方式转换时，必须高度重视“馆藏书刊—目录卡片—书目数据”三者的一致性；必须依据自身发展的实际情况，有计划、按步骤、循序渐进地进行；必须要防止重复建设，以免造成资源、时间等的浪费；必须高度重视知识产权问题，切不可出现违背知识产权的现象，以免损害图书馆的形象，甚至给图书馆造成一定的经济损失。

2. 强化对读者服务工作的管理

图书馆在开展工作时，必须要以全心全意为读者服务为宗旨。因此，在图书馆的整体工作中，读者服务工作也占有十分重要的地位。这就决定了现代图书馆在进行管理建设时，必须强化对图书馆读者服务工作的管理。具体来说，可通过以下几个途径来强化对图书馆读者服务工作的管理。

第一，要依据知识经济发展的现实、图书馆发展的现状以及读者需求的变化，对读者服务的内容、方式、手段等进行相应的调整与变革，如变被动服务为主动服务、变在馆服务为网络服务等，以便为读者提供更好的服务。

第二，要强化图书馆馆员的服务意识，加大对图书馆馆员服务工作的培训力度，以推动其不断提高服务水平，能够更好地为读者提供服务。

第三，要积极拓展读者服务的领域，除了要涉及文献服务，还应涉及信息服务、知识服务等。

3. 高度重视标准化工作

在科学管理中，标准化是不可忽视的一个重要组成部分。对当前图书馆的发展现实进行分析可以发现，其很多工作还处于探索时期，如果不重视标准化，各馆或各部门各搞一套，各行其是，就很可能造成事倍功半甚至前功尽弃的后果。与此同时，当前图书馆工作呈现明显的自动化和网络化倾向，而图书馆工作的自动化和网络化要想有坚实的基础和保证，必须要重视标准化工作；当前图书馆的发展日益重视各馆或各部门的协调与协作，若是不重视标准化工作，图书馆的协调与协作便会受到极大限制，无法真正实现文献信息资源的共建与共享。因此，现代图书馆在进行业务管理时，必须要重视图书馆业务的标准化。

（四）改进管理方法

管理方法的改进，对于现代图书馆管理工作的顺利开展也有重要的作用。具体而言，现代图书馆可采用以下几种有效的管理方法。

1. 民主管理方法

现代图书馆采用民主管理的方法有着十分重要的意义，具体表现在以下几个方面。

第一，能够激发图书馆馆员的主人翁精神，促使图书馆馆员真正关心图书馆的发展。

第二，能够在开展管理工作时克服官僚主义和形式主义，并促使图书馆管理者与普通图书馆馆员之间形成良好的民主关系。

第三，能够获得各方面的意见，以集思广益，从而提高管理决策的准确性。

2. 以读者为中心的管理方法

长期以来，图书馆一直以藏书量作为事业发展的标志之一。因此，传统图书馆在开展管理工作时，重视的是以文献为中心的业务管理，即主要是编制书刊目录。而在当今时代，世界文献信息量急剧增长，这样的管理方法暴露出越来越多的不足。为此，图书馆管理者必须从“以文献为中心”转向“以用户为中心”，即要以读者（用户）作为出发点和归宿点，研究读者、服务读者、方便读者。也就是说，现代图书馆在开展管理工作时，要尽可能采用以读者为中心的管理方法。而要使这一方法充分发挥作用，应特别注意以下几个方面。

第一，要研究读者阅读需求的针对性、信息需求的有效性、文化需求的多样性和知识需求的综合性，并切实根据读者的需求收集、整理、加工、管理文献信息资源。

第二，要树立全心全意为读者服务的意识，并不断扩大读者服务的范围，增加读者服务的类型，提高读者服务的效率。

第三，要积极营造一个方便、快捷、亲切、温馨的服务环境，以便读者能感受到图书馆服务水平的提升。

3. 目标管理方法

现代图书馆的目标管理，就是把图书馆的整体效益作为总目标，通过层层分解、自我控制、自我管理的手段来达到目标的一种科学管理方法。这种管理方法有助于图书馆的每个部门和每个馆员都以总目标为依据，为实现总目标而努力开展工作。

图书馆管理者在运用这一管理方法时，要想取得良好的成效，应特别注意以下几个方面。

第一，图书馆管理者要根据需要和可能，从图书馆的整体效益出发，提出总目标。之后，要发动所有的图书馆馆员对这一目标进行讨论，以便目标被所有的图书馆馆员认可和接受。

第二，图书馆管理者要让所有的图书馆馆员切实了解目标的内容、组织目标与个人目标的关系等，以便每一位图书馆图书馆馆员都能以自己在本职岗位上的业绩为总目标的实施尽一份职责。

第三，图书馆管理者要掌握整个目标实现过程中的阶段性，提出每个阶段目标的时间要求和数量、质量要求，并根据客观情况的变化对具体目标进行相应的调整。

（五）健全管理效益评估体系

管理的最根本目的是效益，因此管理就是对效益的不断追求。对于图书馆来说，其开展管理活动是为了提高办馆效益，包括社会效益和经济效益。其中，社会效益是通过为读者提供知识信息服务而产生的政治、经济、文化、思想等方面的效果，推动社会物质文明和精神文明建设的进步和发展，这是图书馆存在的价值取向。不过，图书馆的社会效益是难以用数字来衡量的，而且多是隐性的，往往需要经过较长的时间才能有所体现。不过，图书馆开馆时间的长短、接待读者的多少、文献借阅流通数量、文献信息开发的程度、参考咨询和专题服务的项目，以及解决教学、科研、领导决策中的实际问题和社会各界的评价等，都可以作为衡量图书馆社会效益的指标。图书馆在努力提高社会效益的同时，也应努力创造经济效益。具体来看，图书馆要科学、合理地利用人、财、物，坚持成本核算，把社会效益放在首位，努力争取最佳的经济效益。

为了对图书馆的管理效益进行评估，明确图书馆创造的社会价值和经济价值，必须要健全图书馆管理的效益评估体系。借助于这一体系，图书馆管理者也能有效地衡量目标制定是否合理，人员安排是否妥当，决策是否科学，措施、方法是否得当等，继而从中总结经验、找出差距，发扬成绩、纠正错误，推动图书馆各项工作的深入开展，以求更佳的整体效益。

第二节　现代图书馆管理的新理念

长期以来，图书馆界一直在探索图书馆管理的新理念，以求达到合理组织文献资源，最大限度发挥图书馆的作用，获得最佳服务效果的目的。具体来说，图书馆界积极探索的图书馆管理新理念主要有以下几个。

一、全员参与理念

图书馆管理能否顺利开展并取得良好的成果，离不开图书馆领导、图书馆馆员以及图书馆用户的积极参与。也就是说，只有图书馆领导者、图书馆馆员以及图书馆用户都积极参与到图书馆管理之中，并充分发挥自己的聪明才智，才能使图书馆的各项工作顺利运转，图书馆的服务质量不断提高。因此，现代图书馆在开展管理工作时，必须树立全员参与的理念。具体来说，可从以下几个方面着手来确保全员参与理念在现代图书馆管理中得到有效贯彻。

第一，要积极调动图书馆领导者以及每一个图书馆馆员的工作积极性和主动性，并引导他们充分认识到自己在图书馆的运转与发展中所具有的作用。

第二，要引导图书馆领导者以及每一个图书馆馆员确实明确自己的职责和权力，并依据自己的实际情况树立适合自己的工作目标。

第三，要引导图书馆用户认识到提高图书馆管理效率与质量的重要性，以及其在图书馆管理中所发挥的作用，从而积极为提高图书馆管理的效率与质量献计献策。

二、可持续发展理念

可持续发展理念的宗旨是保证人类社会具有长远的持续发展能力。将这一理念引入现代图书馆管理之中，对于推动图书馆事业的可持续发展具有重要的意义。而在现代图书馆管理中，要有效贯彻可持续发展理念，需切实做好以下两个方面的工作。

（一）要积极促进图书馆信息资源的可持续发展

图书馆的信息资源是图书馆得以存在和发展的重要基础，因此在进行图书馆管理时，只有确保图书馆信息资源得到可持续发展，才能确保图书馆管理的顺利运行，并取得良好的成效。而要促进图书馆信息资源的可持续发展，需要做好以下几个方面的工作。

第一，要对图书馆信息资源进行可持续配置，确保图书馆信息资源能够有效地流通。

第二，要对图书馆信息资源进行可持续开发，确保图书馆信息资源能够不断得到丰富与完善，从而在社会的未来发展中发挥更大的作用。

第三，要对图书馆信息资源进行可持续利用，并有效解决图书馆的藏与用的矛盾。

第四，要对图书馆信息资源进行可持续保持，确保图书馆信息资源能够被后代人利用，继而在后代人的发展中发挥重要的作用。

（二）要积极促进图书馆人力资源的可持续发展

现代图书馆在开展管理工作的过程中，切实实现人力资源的可持续发展，对于图书馆事业的可持续发展也有着不可忽视的作用。而要促进图书馆人力资源的可持续发展，需要做好以下几个方面的工作。

第一，要对图书馆人力资源进行可持续配置，确保形成合理的图书馆人力资源结构，实现图书馆人力资源的有效互补，继而在图书馆的发展中发挥出最大的作用。

第二，要对图书馆人力资源进行可持续开发，即要探索最佳的管理手段来激发图书馆人力资源的活力，促使图书馆人力资源的潜能和创造力得到有效发挥，继而推动图书馆事业的蓬勃发展。

第三，要对图书馆人力资源进行可持续利用，即要确保图书馆所有人力资源的使用价值都得到有效发挥；要积极构建自己的人才库，确保所有的人才都可以随取随用；要积极引导所有的图书馆工作人员都形成积极奉献的思想，继而真正为图书馆事业的发展奉献自己的力量。

第四，要对图书馆人力资源进行可持续储备。在当前这个信息社会，知识的更新周期不断缩短，人人都面临着更新知识、补充能量的急需。为此，图书馆在对人力资源进行管理的过程中，要切实从员工的兴趣、能力出发，与员工共同制定一个与图书馆组织需要相符合的个人成长与发展规划，从而确保持久地调动图书馆工作人员的积极性，推动图书馆人力资源的可持续发展。

三、持续改进理念

持续改进是一种管理理念，是一个组织的价值观和行为准则，是一种持续满足顾客需求、增加效益、追求持续提高有效性和效率的活动。图书馆管理要想不断取得良好的成效，也需要在管理过程中有效贯彻持续改进的理念。具体来说，图书馆必须根据形势和需求的不断变化，对服务水平和质量进行持续改进，以求得自身的生存和可持续发展。

第三节　图书馆宏观创新管理与微观创新管理

21 世纪是人类主要依靠知识创新加速社会进步的时代，在这一时代，建立一个有利于知识创新的管理机制、环境和文化氛围，实现管理创新是我国图书馆理论界与图书馆工作者面临的一个重大课题。也就是说，在当代开展图书馆管理时，必须注重进行管理创新，以使图书馆在复杂多变的环境和日新月异的知识经济竞争中能够获得健康长远的发展。

一、图书馆创新管理的内涵

创新管理是图书馆顺利发展的保障和基础，没有管理上的创新，图书馆就不会有真正的服务和产品创新。

（一）图书馆创新管理的含义

图书馆创新管理指的是图书馆用新思想、新技术、新方法对管理系统或者组织、技术、文化某一方面的方略组合进行重新设计、选择、实施与评价，以促使图书馆管理系统综合效能不断提高的过程。

图书馆创新管理既可以从宏观层面进行，也可以从微观层面进行。从宏观层面来说，图书馆创新管理就是对图书馆的管理模式进行创新，主要是创新图书馆的管理理念和管理方法，如知识管理理念与方法、危机管理理念与方法；从微观层面来说，图书馆创新管理就是用创新的理念和方法实施具体的图书馆管理活动，也就是图书馆开展的每一项管理活动都要有创意、都应在创新的环境下展开。

(二)图书馆创新管理的目的

图书馆管理创新的目的,是在对图书馆系统结构的内在联系进行充分认知、对图书馆系统在网络环境下的运行规律进行准确把握的基础上,实现图书馆系统管理的科学化,继而促使图书馆系统能够与社会发展之间保持良好的循环关系。只有如此,图书馆在未来的社会发展中才可能始终占据自己的一席之地。

(三)图书馆创新管理的特点

图书馆创新管理的特点,具体来说有以下几个。

1. 多层面性

图书馆创新管理的多层面性特点,是针对图书馆管理创新的形式而言的,具体表现在以下几个方面。

第一,图书馆管理创新涉及任何性质、任何类型的图书馆。

第二,图书馆管理创新涉及多样化的资源层面,如馆舍资源、文献资源、人力资源、资金等。

第三,图书馆管理创新涉及众多的工作层,包括决策层、执行层和操作层等。

2. 全员性

图书馆创新管理的全员性特点,指的是图书馆管理创新不仅要求图书馆的馆长和所有馆员都参与其中,而且要求所有的读者和用户也积极参与其中,以便发挥群体效应,促进图书馆创新管理取得良好的成效。

3. 全方位性

图书馆创新管理的全方位性特点,指的是图书馆管理创新会涉及各个方面的内容,包括图书馆管理的思想观念创新、图书馆的发展战略创新、图书馆的管理体制和机制创新、图书馆的运用流程创新、图书馆的文化氛围创新等。

4. 风险性

图书馆管理创新不可能像科技创新一样,借助于一定的实验条件重复进行,以确保创新成果的可利用性。这就表明,图书馆创新管理是一个具有风险性的过程。

5. 持续性

图书馆管理活动是一个需要不断维持和创新的动态过程，这就决定了图书馆管理创新也要持续不断地进行。因此，持续性也是图书馆创新管理的一个重要特点。

（四）图书馆创新管理的实施

在实施图书馆创新管理时，以下几个方面应特别予以注意。

第一，实施图书馆创新管理时，所有的参与者都必须摒除保守、被动的心态，积极提出创新构想，尝试创新的方式来开展图书馆管理活动。

第二，实施图书馆创新管理时，要尽可能引导所有的相关人员都参与其中，并指导他们在相互配合的基础上推动成功的创新服务。

第三，实施图书馆创新管理时，要注意在充分协商的基础上确定最佳的管理创新方案，以确保这一方法能够得到有效实施。

第四，实施图书馆创新管理时，图书馆管理者既要切实采取有效的激励措施来促进图书馆馆员提出创新管理构想，又要在图书馆馆员提出合理的创新管理构想后给予人力、物力的支持，以便该创新管理构想能够得以落实。

第五，实施图书馆创新管理时，要充分考虑到成本效益，尽可能用最少的投入获得最大的创新成果。

二、图书馆宏观创新管理

图书馆宏观创新管理指的是图书馆管理理念和模式的创新，具体表现为图书馆在某一业务领域采用新的管理模式来应对图书馆管理中遇到的问题。在这里，将着重阐述一下近年来图书馆管理中日益重视的危机管理、分布式管理和营销管理等管理理念和模式。

（一）图书馆危机管理

1. 图书馆危机管理的含义

所谓图书馆危机管理，简单来说就是“对图书馆事业、行业、个体图书馆可能面临的危机所实施的一系列管理活动”[①]。图书馆危机管理十分

① 贾彩莲，孔维维 . 图书馆危机管理 [M]. 北京：国防工业出版社，2014：78.

重视预防理念,即真正的图书馆危机管理不仅应体现在危机事件出现时,更要体现在危机还未爆发时。

2. 图书馆危机管理的特点

具体而言,图书馆危机管理的特点主要有以下两个。

(1)系统性

图书馆危机管理的系统性特点,指的是图书馆危机管理是对图书馆危机事前、事中、事后进行全面、全程监控处理的连续链条,是一个系统工程。为此,在开展图书馆危机管理时,要特别注意以下几个方面。

第一,图书馆危机管理要注意在危机事件发生前,通过对图书馆系统矛盾运动的规律进行深入分析来对可能出现的危机进行预测,并进一步明确危机解决方案。

第二,图书馆危机管理要注意在危机事件发生时,及时对其进行准确识别与有效处理。

第三,图书馆危机管理要注意在危机事件发生后,及时对危机处理情况进行跟踪与反馈,以确保危机处理方案能够得到有效的贯彻。

(2)动态性

图书馆在不同的时期、不同的发展阶段,其所面临的危机类型是有所不同的。因此,在开展图书馆危机管理时,要注意根据图书馆所遭遇的实际危机类型来制订危机管理方案,以确保图书馆危机管理能够取得良好的成效。

3. 图书馆危机管理的内容

图书馆危机管理的内容,具体来说有以下几个。

(1)图书馆危机管理的基础工作

在开展图书馆危机管理的基础工作时,应切实从以下几个方面着手。

第一,沟通管理。这一工作的顺利进行,既有助于沟通的准确性和各项工作的有效开展,也有助于及时发现图书馆发展存在的问题,继而提高图书馆危机管理的效度。

第二,记录管理。这一工作的顺利进行,可以为图书馆危机管理的开展提供有效的决策支持。而在开展这项工作时,最为重要的是对调查记录、评估记录、计划记录、培训记录、危机事件记录等进行分类、存档、入库,并及时将结果反馈给危机管理的相关系统。

第三,媒体管理。图书馆媒体管理工作的开展情况,对其危机应对也会产生重要的影响。如果这一工作开展良好,那么图书馆在出现危机事件后,便可以及时利用媒体发布信息、重塑形象,引导不利舆论向利己方向发展等。

(2)图书馆的日常危机管理

所谓图书馆的日常危机管理,就是在图书馆日常工作中对潜在的危机因子进行管理,以预防危机的发生,并建立危机反应和恢复预案,以减小危机事件给图书馆造成的损失,提高图书馆的危机恢复能力。具体而言,图书馆的日常危机管理需要做好以下几个方面的工作。

第一,明确危机管理的主要负责人以及危机事件爆发后危机管理小组的组建方式。

第二,调查并评估图书馆存在的危机因子,这是做好图书馆危机反应和恢复预案的基础。

第三,在制定预案前,应对图书馆可能爆发的危机进行分类、分级,然后根据危机特点设立不同的预案。

第四,开展图书馆危机管理方面的培训与演练。这对于增强图书馆管理者、图书馆馆员以及图书馆读者的危机意识以及危机应对能力具有重要的作用。此外,通过开展图书馆危机管理方面的培训与演练,可以及时发现所制定的图书馆危机反应和恢复预案中的不足,继而采取有效的措施进行完善。

第五,建立图书馆危机预警系统。这一系统可以帮助图书馆尽可能早地发现危机的来临,减少危机造成的不利影响。

第六,进行图书馆危机预控。图书馆危机预控的目的是在图书馆危机发生前或将要发生时对危机进行处理,及时排除全部或部分危机因子,以避免损失或是将损失降到最低。

(3)图书馆危机事件管理

所谓图书馆危机事件管理,就是在图书馆危机事件发生时对危机所进行的管理。在这一管理过程中,需要切实做好以下几个方面的工作。

第一,组建图书馆危机处理小组,要具体明确小组成员的构成及其各自的职责。

第二,在调查、评估的基础上对图书馆危机进行确认。图书馆危机处理小组在对图书馆遭遇的危机进行确认时,既需要明确危机的经过、原因,也需要明确危机已经或即将造成的破坏、损失,还需要明确危机的类型及其波及的范围。

第三,在明确了图书馆危机的基础上,如果已有制定好的危机反应预案,则可以将其重启或在依据实际情况调整的基础上实施;如果没有制定好的危机反应预案,则需要紧急制订危机处理方案,并有条不紊地实施。

第四，跟踪、监督图书馆危机的发展态势，并及时采取有效的措施进行应对，以避免危机不断蔓延。

（4）图书馆危机后续管理

所谓图书馆危机后续管理，就是对图书馆危机处于持续阶段或快结束或已经结束时所进行的管理。在这一管理过程中，需要切实做好以下几个方面的工作。

第一，组建专门的图书馆危机恢复小组，这是一个具有临时决策机构的性质，在任务完成后便可解散。

第二，在对图书馆危机造成的具体破坏进行客观把握的基础上，调整或重新制订图书馆危机恢复计划，这对于减少图书馆危机的破坏具有重要的作用。

第三，进行图书馆危机管理评价。这一评价应是客观的、全面的、系统的、公正的，能够帮助图书馆切实明确自身存在的问题以及危机管理漏洞，继而有针对性地进行深层次变革，确保自身能够得到可持续发展。

第四，图书馆危机案例和图书馆危机管理评价的存档和运用，这对于提高图书馆的危机应对能力也有重要的作用。

4. 图书馆危机管理的原则

图书馆危机管理要想取得良好的成效，必须在具体开展过程中遵循一定的原则，其中较为重要的有以下几个。

（1）整体性原则

图书馆危机管理是一个系统工程，单个危机事件的出现可能涉及千头万绪的矛盾累积，因此解决任何一个危机问题都不可能也不应该是“头痛医头脚痛医脚”的管理策略，而应该从全局出发，综合地统筹安排，以便彻底地解决危机。因此，整体性原则是图书馆危机管理要遵循的一个重要原则。

（2）差异性原则

不同的图书馆在实际发展条件方面是有较大差异的，其遭遇的危机也会千差万别。此外，由于图书馆危机的产生根源不同，即使是相同的根源在不同时间不同地点所表现出来的危机形式也可能千差万别。这就决定了在开展图书馆危机管理时，必须要遵循差异性原则，即切实从自身的发展实际以及所遭遇的危机着手来制定危机解决预案、选择危机处理模式等。

(3)互助性原则

图书馆危机管理的互助性原则,主要表现在以下两个方面。

第一,图书馆危机可能产生于某一具体的部门,如读者服务部门、图书馆典藏部门等。但是,要有效解决这一危机,仅仅依靠产生危机的部门是不行的,而是需要图书馆的各部门,甚至业内图书馆共同协作解决。因此,在开展图书馆危机管理的过程中,必须要遵循互助性原则。

第二,图书馆在危机过后,需要对危机管理的经验教训进行总结与分析,以便为发生类似危机的图书馆采取应对措施提供有益的借鉴。

(二)图书馆分布式管理

1. 图书馆分布式管理的含义

分布式管理是计算机管理系统在网络环境下使用的一种管理方法,它将整个网络的管理任务分散到多个对等域当中,每个域的管理者负责本域内的网络管理,并在需要时与它对等域的管理者进行通信。这样的管理方式既能提高整个网络的性能,又能保证整个网络管理的可靠性。

2. 图书馆分布式管理的系统

图书馆分布式管理的系统,大致而言是由两方面的内容构成的,即图书馆资源分布式管理系统和图书馆职能分布式管理系统。

(1)资源分布式管理系统

图书馆的资源分布式管理系统,需要实现以下两个方面的内容。

第一,图书馆的资源分布式管理系统要有助于图书馆借助于多样化的方式,如租用、聘用、合作、共享等,促进社会资源(如人员、技术、资金、设备、文献信息等)向图书馆的集中。

第二,图书馆的资源分布式管理系统要有助于图书馆借助于多样化的方式,如出租、出借、转让、协作等,促进馆内资源(如人员、技术、资金、设备、文献信息等)向社会的分散。

以上两个方面的内容有机集合,图书馆便可以有效地运用一切可以运用的资源(图 9-1)。

(2)职能分布式管理系统

图书馆的职能分布式管理系统,也需要实现以下两个方面的内容。

第一,图书馆的职能分布式管理系统要有助于图书馆借助于项目合作、有偿服务等方式,承接更多的社会工作,不断拓展职能范围,实现信息服务、文化教育等职能由社会向图书馆的集中。

第二，图书馆的职能分布式管理系统要有助于图书馆借助于业务外包、项目合作、后勤社会化等方式，实现部分图书馆职能向社会的分散。

以上两个方面的内容有机集合，图书馆便可以在社会范围内重新对自己的职能进行组织与优化（图 9–2）。

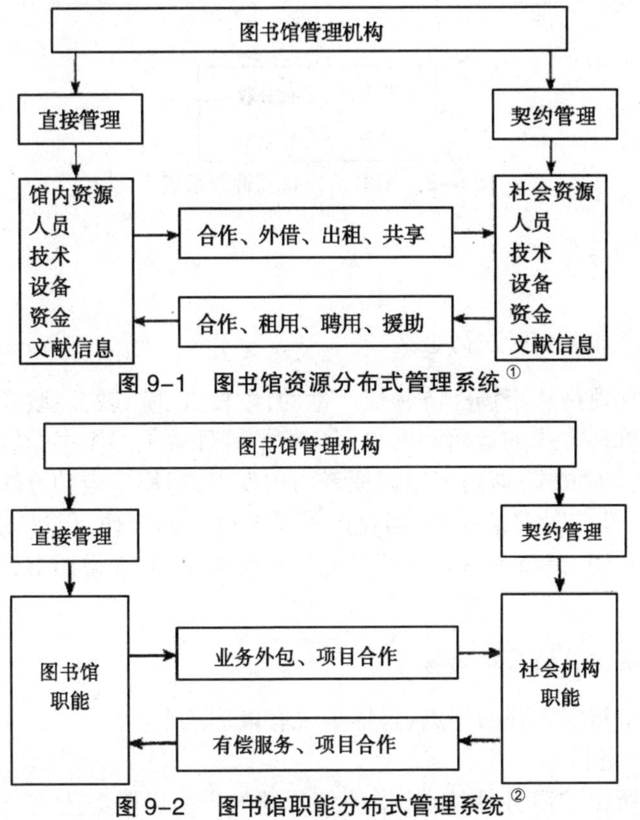

图 9–1　图书馆资源分布式管理系统[①]

图 9–2　图书馆职能分布式管理系统[②]

总的来说，图书馆与外部环境之间的“分散—集中”“集中—分散”是一个双向的交流过程，而分布式管理的关键就在于对这一交流过程的集中统一控制（图 9–3）。

① 付立宏，袁琳．图书馆管理学[M].武汉：武汉大学出版社，2010：394.

② 付立宏，袁琳．图书馆管理学[M].武汉：武汉大学出版社，2010：394.

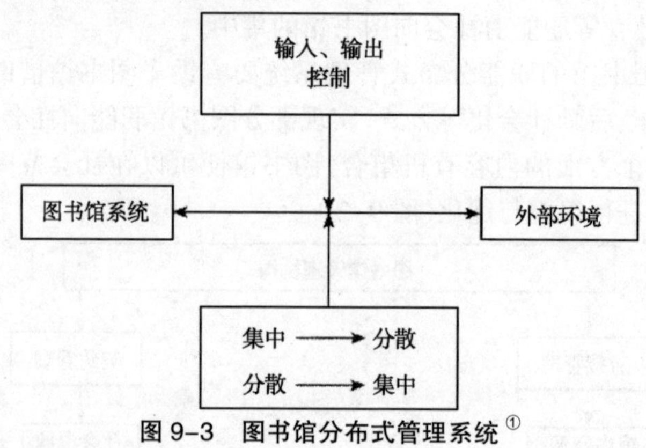

图 9-3 图书馆分布式管理系统[①]

（三）图书馆营销管理

1. 图书馆营销管理的含义

营销管理是从市场经济领域产生的，学校、医院、教会、政党等机构通过对这一管理方式的运用而取得了良好的管理效果。图书馆管理也可以借用这一管理方式，即图书馆以读者为出发点，运用一定的方法通过刺激读者需求，推广图书馆服务，强化图书馆与读者的合作，促进图书馆文献和服务的利用，提高图书馆的社会地位和影响，从而求得图书馆最大的社会效益。

2. 图书馆营销管理的特点

图书馆营销管理的特点，具体来说有以下几个。

（1）服务性

这里所说的服务性特点，指的是营销的产品以服务为主。图书馆提供的主要是服务，而服务与有形产品在许多方面存在差异，如服务具有无形性、不可分离性、不稳定性、不可储存性等特性，这些差异使得图书馆的营销策略不能完全按照其他商业组织的营销策略来执行。

（2）复杂性

这里所说的复杂性特点，指的是在图书馆的经营活动中，服务的接受者不一定需要支付服务的费用，而为图书馆提供资金的资助者却可能没有得到图书馆的服务。

① 付立宏，袁琳．图书馆管理学[M]．武汉：武汉大学出版社，2010：395.

(3)利益性

这里所说的利益性特点,指的是图书馆的营销活动必须服务于公众利益,即图书馆的营销活动要为社会带来一定的公共利益。

三、图书馆微观创新管理

(一)图书馆微观创新管理的含义

所谓图书馆微观创新管理,就是图书馆在具体工作内容、工作方法上采取创意的手段,创造馆员积极参与的氛围,提升图书馆服务创新的能力以及馆员的服务水平的一种途径。它是图书馆宏观创新管理有效实施的基础和具体表现。

(二)图书馆微观创新管理的条件

图书馆微观创新管理的开展与实施需要有一定的条件支持,其中较为重要的条件有以下两个。

1. 图书馆领导人要有创新意识和创新能力

图书馆领导人的创新意识和创新能力,对于图书馆微观创新管理的开展与实施具有十分重要的作用。具体来说,图书馆领导人可从以下几个方面着手来推进图书馆微观创新管理。

第一,图书馆领导人要积极培养自己敏锐的眼光,以便能提出具有前瞻性的愿景。

第二,图书馆领导人要积极提高自己高瞻远瞩的决策能力和对人力、物力和财力进行组织的能力。

第三,图书馆领导人要积极引导图书馆馆员进行服务创新,以不断提高图书馆用户的满意度。

2. 图书馆要积极鼓励员工进行创新

图书馆积极鼓励员工进行创新,对于图书馆微观创新管理的开展与实施也有重要的作用。具体来说,图书馆可从以下几个方面着手来鼓励员工进行创新。

第一,图书馆要切实制定激励创新的措施,并建立完善的机制来确保措施的有效实施。

第二,图书馆要积极营造创新的氛围,并重视培养员工的创新意识和创新能力。

第三,图书馆员工所提出的创新构想,在有成功的可能且有足够的条件支持时,要积极支持、配合员工实现其创新构想。

第四节 图书馆网络化管理

自20世纪90年代以来,以电子技术和现代化通信技术支持的Internet和信息高速公路逐渐将人类社会推向了信息社会。面对这一现实,图书馆如何抓住机遇,加快网络化建设、实现资源共享成为图书馆界共同关心的问题。与此同时,图书馆在进行网络化建设时,要想取得良好的成效,必须做好网络化管理工作。具体而言,图书馆网络化管理需从以下几个方面着手。

一、设计科学的图书馆网络化管理系统

在图书馆管理中引入网络化管理系统,可以极大地提升图书馆工作的效率和服务的质量,节约人力和物力,实现现代图书馆管理工作的规范化和制度化。因此,图书馆在开展网络化管理时,必须重视科学合理的图书馆网络化管理系统的设计。而在对图书馆网络化管理系统进行设计时,需要做好以下两个方面的工作。

(一)设计图书馆网络化管理系统的功能

图书馆网络化管理系统的设计,是以实现一定的功能为目的的。根据现代图书馆工作的特点和规律,结合现代图书馆管理工作过程中的实际需求,图书馆网络化管理系统需要实现以下几个方面的功能。

第一,图书信息的管理,如书籍题名信息、书籍版本信息、书籍所在位置信息、书籍借阅信息等。

第二,读者信息的管理,如读者的姓名、读者证号、联系电话、学习或工作单位等。

第三,图书流通信息的管理,如图书借阅条形码、图书借阅者及其读者证号、图书借阅和归还时间等。

第四,查询。这里所说的查询包括对图书数据的查询、读者数据的查询以及对流通数据的查询。其中,图书数据的查询可以提供所有的图书

标识信息的查询途径；读者数据的查询只需要提供读者证号、读者姓名的查询，查询后将提供该读者的详细信息；流通数据的查询主要是为了便于对流通工作进行统计，也可以查询某一类读者利用图书馆的情况，以便掌握读者的阅读倾向。

第五，备份和恢复。图书馆管理系统保存了所有的图书数据、读者数据和流通数据，各类数据都是需要绝对安全的。为了预防意外，在图书馆管理系统中，必须要设计数据的备份和还原功能。

第六，系统初始化。当图书馆管理系统出现了故障或是系统崩溃而无法运行时，系统初始化功能便能发挥重要的作用。它可以将图书馆管理系统还原为最原始的设置状态，从而在修订、完成系统相关缺陷的基础上，确保该系统能再次运行。

第七，用户权限。图书馆的数据关系到图书馆的财产问题，需要操作人员的安全操作，只有分配权限的用户才可以操作系统。因此，在设计图书馆网络化管理系统时，用户权限是不可忽视的一项内容。

（二）设计标准化的图书馆数据库

在当前的信息社会中，图书馆的信息资源收藏量越来越多，编目工作量越来越大，编目人员迫切希望能借助他人的编目成果来完成自己的工作。这个问题可以通过由各馆组成的大型数据中心解决，这个数据中心把各馆的各种书目信息按照统一的格式、统一的著录标准、统一的分类和主题建成大型标准化书目数据库，再借助计算机网络系统将存储的标准化书目数据库提供给所有参加馆，各馆共享这个成果。编目人员在对某一种书进行编目时，可以通过计算机查询，只需有一个馆已编了此书，并将此书数据输入了标准书目数据库，则编目人员只要利用这条记录再加上本馆的馆藏信息就行了。因此，图书馆在设计网络化管理系统时，标准化数据库的设计也是一项极为重要的内容。

1. 设计图书馆数据库的类型

就当前来说，常用的图书馆数据库有以下几种。

第一，馆藏书目数据库，其主要包括馆藏中西文图书、期刊、报纸的书目数据库。

第二，馆藏文献信息数据库，其主要包括图书馆自行开发研制的各类型专业或特色文献信息数据库、各种载体类型馆藏资料及特藏文献数据库等。

第三，图书馆购进的光盘或网络数据库，主要包括题录型、文摘型及全文型数据库。

第四，因特网上数据库利用。

2. 设计图书馆数据库的原则

在设计图书馆数据库时，要根据整个图书馆系统信息管理逻辑结构，本着简单性、系统性、灵活性、可靠性和经济性的原则，对其各种现实约束和制约因素进行综合衡量，采用恰当的设计方法、运用科学的技术手段进行设计。只有以此为原则设计出来的图书馆数据库，才能在图书馆网络化管理中发挥重要的作用。

3. 设计图书馆数据库的方法

在当前对图书馆的数据库进行设计时，常用的方法有以下几个。

（1）Jackson 法

这种图书馆数据库设计方法的实质是面向数据结构的一种数据库系统设计方法，其原理和核心是对输入输出以及内部存储的信息数据结构进行设计的基础上，实现数据结构描述向程序结构描述的转变。

（2）Parnas 法

这种图书馆数据库设计方法与 Jackson 法有着本质上的区别，Jackson 法强调的是面向数据结构的设计方法，而 Parnas 法则强调在程序结构中对数据结构予以充分反映，将可能发生变化的数据结构控制和隐蔽在某个模块的内部，与其他模块之间构不成任何关联。也就是说，Parnas 法通过模块设计过程中置某种因素于某个模块内部，尽管某种因素在模块内部已经发生了变化，但是这种变化仅仅局限在该模块内部，不会传播到其他模块内部。

（3）SD 法

这种图书馆数据库设计方法的本质在于将结构化编程技术（SP）的思想移植到整个程序系统的模块结构设计领域。SD 法的设计理念和主体思想在于强调在某个整体性的呈现设计过程中，通过具有相互独立的层次关系且功能单一的诸多模块构成。也就是说，当构成整个程序的诸多模块之间存在的联系相对较弱，但是在模块内部却有着紧密的联系，而且构成程序的诸多模块之间体现出一定的层次性结构关系。SD 方法最大的特征在于，构成层次性的模块结构中，模块之间存在着明确且简单的调用关系。

二、设计合理的图书馆门户网站

图书馆在开展网络化管理时，设计合理的门户网站也是一项重要的工作。在开展这项工作时，需要做好以下几个方面的工作。

（一）明确图书馆门户网站的定位

在设计图书馆门户网站时，首先要做的是明确图书馆门户网站的定位。作为一个信息资源综合服务与管理系统平台，图书馆门户网站应该能够实现各种中外文异构数字资源的统一检索，并将这些原本相互孤立的数字资源及馆藏资源整合成相互关联的知识网络，消除“信息孤岛”状态，构建一个统一、友好的访问环境，实现图书馆各类资源的一站式快速搜索、定位和获取服务。同时，在网络环境下，图书馆门户网站还是一个与馆外资源交互共享服务的枢纽，通过这个服务站点，既可对外发布各种信息，又可将网上发布的图书馆资源统一集成到门户网站的资源搜索与获取共享体系中，实现图书馆门户建设。

（二）设计图书馆门户网站的内容

图书馆门户网站的设计，应包括网站结构与界面设计、信息资源建设及发布、信息资源的统一检索平台、统一的身份认证及个性化服务、数字参考咨询平台、网站论坛、Web站点内部内容管理等内容。

（三）设计图书馆门户网站的结构

图书馆门户网站的设计与其他网站相比，应注重突出其信息服务和数字资源建设的特点。因此，在对图书馆门户网站的结构进行设计时，要着重于设计组织分类和导航的结构，搭建信息与用户认知之间的桥梁，从而让用户可以高效率、有效地浏览网站的内容。同时，所设计的图书馆门户网站的结构应尽可能层次简洁明了，以方便读者进行运用。

（四）设计图书馆门户网站的界面

在设计图书馆门户网站的界面时，应充分考虑读者的使用习惯，做到美观大方、使用方便、界面友好，能够吸引读者使用，既方便不同学历层次的读者获取信息，同时还要体现出门户网站独有的文化特征。

三、做好图书馆网络安全管理

图书馆在开展网络化管理时，必须要做好网络安全管理工作。

（一）图书馆网络安全管理的含义

所谓图书馆网络安全管理，就是图书馆借助于有效的措施来确保图书馆网络系统的硬件、软件及其系统中的数据受到保护，不受偶然因素和恶意原因破坏、更改、泄密，保障图书馆工作正常持续进行，网络服务不中断。

（二）图书馆网络安全管理的举措

图书馆在开展网络安全管理工作时，要想取得良好的成效，可以借助于以下几个有效的措施。

1.成立网络安全领导小组

网络安全领导小组的成立，对于图书馆有效应对网络危机具有重要的作用。通常来说，图书馆的网络安全领导小组，要由主馆馆长任组长，网络管理中心主任任副组长，组员由各部部主任组成，负责计算机网络安全的监督管理。

2.运用多样化的网络安全技术

网络安全技术对于确保图书馆的网络安全也有重要作用，当前可以运用的网络安全技术主要有以下几个。

（1）防火墙技术

防火墙技术实际上是一种隔离技术，即将内部网和公众网络分开，然后在两个网络通信时执行的一种访问控制手段。它能允许具有合法身份的人和数据进入网络，同时将非法身份的人和数据拒之门外，最大限度地阻止网络中的非法入侵者访问自己的网络，从而防止他们更改、复制和毁坏自己的重要信息。

图书馆也可以利用防火墙技术来维护自己的网络安全，而且一旦设置了防火墙，原则上不再更改。如因特殊工作需要确实需要访问某些特殊端口的，必须报请馆长批准后由网络管理中心工作人员进行操作，并在网络管理中心做好记录。

由于防火墙技术无法防范通过防火墙以外的其他途径的攻击，也不能完全防止传送已感染病毒的软件或文件等，因此图书馆在运用这种技术来维护网络安全时，还需要注意与其他技术结合使用。

（2）VLAN 技术

图书馆可以使用划分 VLAN 的方式来进行安全管理，任何工作人员不得随意改动工作用机的 IP、子网掩码、网关等信息。如因工作需要确实要对 IP 进行改动，首先应报请馆长，在得到允许后方可由网络管理中心工作人员进行，并在网络管理中心做好更改记录。若是有人私自改动 IP 并导致图书馆的网络出现了故障，则私自改动者必须承担相应的责任。

（3）VPN 技术

VPN 即虚拟专用网络的功能，是在公用网络上建立专用网络，进行加密通信。图书馆在维护自己的网络安全时，也可以借助于该技术，即校内各资料室与图书馆之间通过 VPN 来进行通信。需要注意的是，VPN 客户端的分发必须经过馆长批准并在网络管理中心处做好记录，并分配相应的用户名、密码以及相应的访问权限。

3. 有效防范计算机病毒

计算机病毒侵入图书馆网络系统，会导致图书馆信息的泄露与丢失等，给图书馆的顺利运行造成严重危害。为此，必须要有效防范计算机病毒，确保图书馆网络系统的安全性。具体而言，可以采取以下几个有效的措施来防范计算机病毒。

第一，图书馆工作人员所使用的以及外单位、个人所带来的移动介质，只有在经过杀毒后才能使用。

第二，指定专人负责计算机病毒的防治工作，要求该岗位工作人员必须具备常见的计算机病毒的防治处理知识和必要的技术手段。

第三，图书馆局域网中的每台计算机都必须安装杀毒软件进行实时监控，而且各操作员应及时升级杀毒软件，保证杀毒软件的有效性。

第四，在遇到恶性病毒、新型病毒或疑似病毒程序无法处理时，应在网络管理中心备案并上报馆长、校级网络管理中心，尽快找出处理办法。

第五，直接面向读者的部门工作用机、故障频出的工作用机必须安装保护卡。若因保护卡被私自卸载而导致图书馆网络、服务器或其他设备出现故障，责任应由私自卸载者承担。此外，故障频出的认定要由网络安全领导小组进行，一旦确定了原因就要及时采取有效的措施进行解决。

4. 实行网络监控制度

实行网络监控制度就是图书馆网络管理中心设专人负责监控网络，每天不定期浏览图书馆网站页面，发现异常情况后及时报告和处理。

5. 做好图书馆网站的日常管理维护

图书馆网站的日常管理维护工作开展的情况,也会在一定程度上影响到图书馆的网络安全。通常来说,图书馆网站日常管理维护由网络管理中心主任负责监督,而网站维护人员需做好修改、更新记录。

参考文献

[1]《图书情报工作》杂志社 . 图书馆服务创新与绩效评估 [M]. 北京：海洋出版社,2012.

[2] 艾家凤 . 高校图书馆人力资源管理研究 [M]. 合肥：中国科学技术大学出版社,2015.

[3] 包瑞 . 高校图书馆服务与资源开发 [M]. 长春：吉林大学出版社,2017.

[4] 毕东,李春艳 . 高校图书馆党建研究与实践 [M]. 北京：光明日报出版社,2017.

[5] 蔡莉静,鄂丽君 . 现代图书馆特色资源建设 [M]. 北京：海洋出版社,2012.

[6] 曹学艳,张晓东 . 全媒体环境下的信息资源建设导论 [M]. 西安：西安电子科技大学出版社,2017.

[7] 陈实 . 旅游管理前沿专题 [M]. 北京：中国经济出版社,2013.

[8] 谌爱容 . 网络环境下图书馆的用户研究与信息服务 [M]. 合肥：安徽师范大学出版社,2017.

[9] 程大立 . 全媒体环境下图书馆阅读推广工作研究 [M]. 合肥：安徽教育出版社,2013.

[10] 程结晶,刘雪峰 . 西南地区图书馆服务体系理论研究 [M]. 北京：海洋出版社,2014.

[11] 初景利,等 . 复合图书馆理论与方法 [M]. 上海：上海交通大学出版社,2009.

[12] 代根兴 . 图书馆信息资源建设与管理研究 [M]. 北京：北京邮电大学出版社,2014.

[13] 董素音,蔡莉静 . 图书馆竞争情报服务 [M]. 北京：海洋出版社,2009.

[14] 方太强 . 图书馆科学管理 [M]. 成都：西南交通大学出版社,2000.

[15] 方晓红,郭晓丽 . 数字图书馆研究 [M]. 天津：天津科学技术出版社,2014.

[16] 方意平 . 图书馆信息服务理论与实践 [M]. 武汉：武汉出版社,2008.

[17] 付立宏,袁琳 . 图书馆管理教程 [M]. 武汉：武汉大学出版社,2005.

[18] 高敏,王景文,李黎明 . 图书情报工作研究 [M]. 北京：中国科学技术出版社,2002.

[19] 高贤 . 图书馆读者手册 [M]. 沈阳：沈阳出版社,2008.

[20] 高雄 . 现代图书馆管理概论 [M]. 西安：西安地图出版社,2013.

[21] 高永伟 . 词海茫茫：英语新词和词典之研究 [M]. 上海：复旦大学出版社,2012.

[22] 谷照燕,郑志刚 .Visual FoxPro 程序设计教程 [M]. 哈尔滨：哈尔滨工程大学出版社,2011.

[23] 海涛 . 信息检索与利用 [M]. 北京：北京航空航天大学出版社,2015.

[24] 贺伟,等 . 现代图书馆建设与管理 [M]. 北京：中国戏剧出版社,2011.

[25] 黄健 . 高校图书馆发展研究 [M]. 长春：吉林文史出版社,2009.

[26] 贾彩莲,孔维维 . 图书馆危机管理 [M]. 北京：国防工业出版社,2014.

[27] 贾光峰 . 关于高校图书馆免费向社会开放的述评 [J]. 山西青年,2018（7）：201.

[28] 江涛,等 . 现代图书馆服务理论与实践 [M]. 郑州：河南人民出版社,2014.

[29] 靳东旺,李兴建 . 图书馆读者工作研究 [M]. 西安：西安地图出版社,2014.

[30] 景冰 . 高校图书馆向社会公众开放探究 [J]. 科技视界,2018(6)：157-158.

[31] 柯平 . 图书馆战略管理 [M]. 北京：海洋出版社,2015.

[32] 李朝云 . 图书馆人力资源管理探微 [M]. 合肥：安徽大学出版社,2011.

[33] 李惠 . 独立学院图书馆管理初探 [M]. 武汉：湖北科学技术出版社,2013.

[34] 李健 . 中国特色的社区图书馆建设 [M]. 海口：海南出版社，2006.

[35] 李明 . 科技文献检索与分析 [M]. 武汉：华中科技大学出版社，2015.

[36] 李清 . 图书馆知识管理理论与实践研究 [M]. 沈阳：沈阳出版社，2012.

[37] 李淑梅，宋扬，宋建军 . 中西文化比较 [M]. 苏州：苏州大学出版社，2016.

[38] 李松妹 . 现代图书馆管理概论 [M]. 北京：北京图书馆出版社，2007.

[39] 李玉梅，王沛战 . 新媒体环境下大众阅读行为与公共图书馆对策 [M]. 天津：天津人民出版社，2014.

[40] 李作化 . 图书馆管理：理论与实务 [M]. 北京：团结出版社，2009.

[41] 刘金玲 . 现代图书馆开放服务与管理 [M]. 成都：四川大学出版社，2012.

[42] 刘玲，齐诚，马楠 . 互联网＋时代图书馆跨界融合研究 [M]. 北京：经济日报出版社，2017.

[43] 刘月学，吴凡，高音 . 图书馆服务与服务体系研究 [M]. 杨凌：西北农林科技大学出版社，2018.

[44] 刘兹恒，徐建华，张久珍 . 现代图书馆管理 [M]. 北京：电子工业出版社，2010.

[45] 马家伟，杨晓莉，姜洋 . 图书馆与图书馆学概论 [M]. 长春：吉林科学技术出版社，2016.

[46] 梅彬 . 海上陶瓷之路 [M]. 南昌：江西人民出版社，2016.

[47] 穆颖丽，等 . 现代图书馆知识管理与实践 [M]. 郑州：河南人民出版社，2012.

[48] 钱静雅，秦丽英，刘桂英 . 我国现代图书馆管理理论与实践研究 [M]. 北京：中国水利水电出版社，2017.

[49] 钱雅玲，郑洪平 . 革命老区高校图书馆红色文化教育基地建设研究 [J]. 大学图书情报学刊，2018（3）：52–55.

[50] 施建国 . 中小学图书馆管理 [M]. 杭州：浙江文艺出版社，2008.

[51] 宋维红 . 学校公共关系理论与实践 [M]. 北京：中央编译出版社，2007.

[52] 隋彦明 . 信息时代的图书馆管理 [M]. 北京：中国水利水电出版社，2010.

[53] 唐晓应 . 高等院校图书馆管理研究 [M]. 北京：中国书籍出版社，2009.

[54] 唐元华 . 高校图书馆服务社会化评价体系构建 [J]. 农业图书情报学刊，2014（5）：175-178.

[55] 涂湘波，陈有志 . 文献传递理论与实务 [M]. 北京：知识产权出版社，2009.

[56] 王惠君，荀昌荣 . 图书馆文化论 [M]. 长沙：湖南大学出版社，2004.

[57] 王净，周建彩 . 创新 服务 融合：图书馆建设发展研究论文集 [M]. 青岛：中国海洋大学出版社，2016.

[58] 王居平 . 网络环境下图书馆服务的理论与实践 [M]. 合肥：安徽大学出版社，2009.

[59] 王慨，苏丽，王彤 . 解读图书馆文化 [M]. 延吉：延边大学出版社，2007.

[60] 王黎，秦红 . 高校图书馆文化论 [M]. 成都：西南交通大学出版社，2007.

[61] 王力军 . 图书馆建设与管理丛论 [M]. 北京：中国地图出版社，2013.

[62] 王一扉 . 图书馆馆长工作实用百科：中卷 [M]. 长春：吉林银声音像出版社，2004.

[63] 王宇 . 高校图书馆社会化服务研究 [M]. 北京：中国社会科学出版社，2014.

[64] 王玉林，等 . 我国高校图书馆面向社会开放现状调查 [J]. 图书与情报，2011（6）：26-31.

[65] 王子木 . 漫步历史文化长廊 [M]. 北京：中国戏剧出版社，2007.

[66] 吴沛 . 信息检索实践指南 [M]. 西安：西北大学出版社，2015.

[67] 吴秀珍 . 和谐图书馆建设 [M]. 沈阳：沈阳出版社，2007.

[68] 肖海清 . 高校图书馆参与校园红色文化建设的现状、问题及成因分析——基于革命老区五所高校调查 [J]. 桂林师范高等专科学校学报，2018（5）：26-30.

[69] 熊丽 . 数字时代的图书馆管理 [M]. 北京：北京图书馆出版社，2006.

[70] 徐春梅 . 谈谈图书馆从“书本位”到“人本位”的认识 [J]. 大学教育，2013（21）：153.

[71] 徐岚 .“互联网+”与图书馆 [M]. 成都：电子科技大学出版社，2018.

[72] 徐文贤，李书宁 . 数字时代的图书馆自动化系统 [M]. 北京：北京理工大学出版社，2012.

[73] 徐雁 . 全国阅读推广手册 [M]. 深圳：海天出版社，2011.

[74] 薛琳 . 文献信息检索与利用 [M]. 郑州：河南人民出版社，2006.

[75] 杨东铭 . 品味书香：书香文化研究 [M]. 南昌：江西人民出版社，2016.

[76] 杨浩 . 人力资源管理 [M]. 上海：上海财经大学出版社，2011.

[77] 杨静，景玉枝 . 数字图书馆服务与管理 [M]. 包头：内蒙古科学技术出版社，2016.

[78] 杨新涯 . 图书馆服务共享 [M]. 北京：知识产权出版社，2016.

[79] 杨秀龙，崔立新 . 中国服务理论体系 [M]. 北京：北京理工大学出版社，2017.

[80] 叶莎莎 . 基于情境感知的移动图书馆服务研究 [M]. 北京：世界图书出版公司，2015.

[81] 于亚秀，汪志莉，张毅 . 高校图书馆创新服务 [M]. 上海：上海社会科学院出版社，2016.

[82] 于瑛 . 现代图书馆管理体系研究 [M]. 长春：东北林业大学出版社，2016.

[83] 余光洲 . 数字图书馆信息化建设方向与构建策略及考核评估标准和优秀经营借鉴大全：2 卷 [M]. 北京：中国国际广播出版社，2011.

[84] 袁明伦 . 现代图书馆服务 [M]. 成都：四川大学出版社，2013.

[85] 曾瑛，林爱鲜，贺伟 . 现代图书馆文化建设 [M]. 北京：中国戏剧出版社，2011.

[86] 展晓玲，高兴国 . 数字图书馆的服务转型 [M]. 兰州：甘肃民族出版社，2008.

[87] 张白影 . 高校图书馆信息服务社会化的理论与实践——以广州大学图书馆为例 [J]. 大学图书馆学报，2009（4）：29-32.

[88] 张兵 . 现代图书馆知识管理 [M]. 北京：知识产权出版社，2008.

[89] 张怀涛，黄健，岳修志 . 信息检索新编 [M]. 武汉：武汉大学出版社，2012

[90]张瑞夫 . 人力资源管理：知识与技能[M]. 南京：南京大学出版社，2007.

[91] 张素杰,刘文慧 . 现代图书馆读者工作 [M]. 呼和浩特：内蒙古人民出版社,2008.

[92] 张文亮 . 公共图书馆组织文化诊断：模型与方法 [M]. 北京：海洋出版社,2016.

[93] 赵国忠,张创军 . 高校图书馆社会化服务概论 [M]. 北京：国家图书馆出版社,2016.

[94] 赵荣光,张景明 . 中国饮食文化史：中北地区卷 [M]. 北京：中国轻工业出版社,2013.

[95] 郑志军,杨红梅 . 高校图书馆管理创新研究 [M]. 成都：电子科技大学出版社,2014.

[96] 中国互联网络信息中心 . 第 43 次《中国互联网络发展状况统计报告》[R/OL].http：//www.sohu.com/a/298908027_350.

[97] 周爱民 . 高校图书馆信息技术应用实务 [M]. 南京：东南大学出版社,2008.

[98] 周国正 . 现代图书馆学基础 [M]. 合肥：安徽大学出版社,2011.

[99] 周建芳 . "互联网＋" 图书馆 [M]. 成都：四川大学出版社,2018.

[100] 周金龙,等 . 数字时代图书馆危机管理 [M]. 北京：海洋出版社,2012.

[101] 贾翠玲 . 陕甘宁边区高校图书馆的发展历史与启示 [J]. 大学图书馆学报,2013（6）：57–58.

[102] 胡馨匀 . 高校图书馆红色资源整合与开发研究——以四川革命老区为例 [J]. 四川文理学院学报,2015（2）：158–159.